Anita Heiliger

Mädchenarbeit im Gendermainstream

W0181318

Anita Heiliger

Mädchenarbeit im Gendermainstream

Ein Beitrag zu aktuellen Diskussionen

Frauenoffensive

1. Auflage, 2002
© Verlag Frauenoffensive 2002
(Metzstr. 14 c, 81667 München)

ISBN 3-88104-351-9

Druck: Clausen & Bosse, Leck
Umschlaggestaltung: Erasmi & Stein, München

Dieses Buch ist gedruckt auf Papier aus chlorfrei gebleichtem Zellstoff.

Inhalt

Die Autorin

Anita Heiliger ist Sozialwissenschaftlerin und seit 1973 wissenschaftliche Referentin am Deutschen Jugendinstitut in München, Abteilung Geschlechterforschung und Frauenpolitik. Diverse Forschungsprojekte und Veröffentlichungen zu den Themen Mädchen- und Frauenpolitik, männliche und weibliche Sozialisation, sexuelle Gewalt, Gewalt gegen Frauen, Gewaltprävention.

Im Verlag Frauenoffensive erschienen:

Ulrike Gerhart/Anita Heiliger/Tina Kuhne (Hg.)
Feministische Mädchenpolitik

Anita Heiliger/Annette Stehr (Hg.)
Tatort Arbeitsplatz
Sexuelle Belästigung von Frauen

Anita Heiliger/Steffi Hoffmann (Hg.)
Aktiv gegen Männergewalt
Kampagnien und Maßnahmen gegen Gewalt an Frauen international

Anita Heiliger
Täterstrategien und Prävention
Sexueller Mißbrauch an Mädchen
innerhalb familialer und familienähnlicher Strukturen

(weitere Veröffentlichungen siehe S. 149/150)

Zur Einschätzung der gesellschaftlichen Situation von Mädchen und Frauen heute

Alles paletti für Mädchen und Frauen?

In den Medien wurde in den vergangenen Jahren verstärkt die Auffassung transportiert, die neue Frauengeneration sei so selbstbewußt wie nie zuvor, zielstrebig, durchsetzungsfähig und leistungsbewußt: „In Deutschland wächst eine Generation junger Frauen heran, die ganz andere Träume, Ziele und Werte hat als alle Generationen vor ihr. Fast unbemerkt hat sich eine Revolution in den Mädchenzimmern vollzogen: Motiviert, selbstbewußt, pragmatisch und mit großer Klappe stellen sich die 15- bis 25-jährigen der Zukunft" (Spiegel 25/99). Kurz darauf setzte der Spiegel mit einer Titelgeschichte, „Mit den Waffen einer Frau", noch eins drauf und sieht junge Frauen geradewegs auf dem Weg zur Macht.

„Eine neue Frauengeneration ist im Anmarsch. Ehrgeizig sind die Damen, pragmatisch, streßerprobt, meist hoch qualifiziert und selbstbewußt. Ihr Schicksal nehmen sie selbst in die Hand. Sie wollen Selbstverwirklichung, sie wollen Erfolg, sie wollen Einfluß, und sie wollen das alles zu ihren Bedingungen. Nahm sich die Frauenbewegung von dreißig Jahren vor, das Patriarchat abzuschaffen, so ziehen die Frauen von heute die Unterwanderung des Systems vor: Still und zäh infiltrieren sie die Schaltstellen der Macht in Wirtschaft und Politik." (Spiegel 47/99)

Auf dem Weg zur Gleichberechtigung scheint die Gesellschaft ein deutliches Stück vorangekommen zu sein, wie in politischen und auch in wissenschaftlichen Verlautbarungen versichert wird. In Umfragen zu Einstellungen und Meinungen läßt sich eine fortschreitende Tendenz zur Annäherung der Geschlechtsrollen und zum allmählichen Abbau traditioneller Vorstellungen ablesen (vgl. Gille 2000, „Jugend 2000"). Allerdings kommen die fortschrittlicheren Einstellungen immer noch in wesentlich höherem Maß von Frauen, die Veränderungen fordern, während „die Männer ihre Pfründe nicht aufgeben" wollen. (Gille 2000, S. 191)

Als markantestes Zeichen für den Fortschritt in der Chancengleichheit gilt das Tempo, das Mädchen insgesamt vorgelegt haben, um Jungen in ihren Schulleistungen nicht nur einzuholen, sondern teilweise zu überholen: „Bei den höheren Bildungsabschlüssen haben Mädchen in den vergangenen vierzig Jahren kräftig aufgeholt und dabei die Jungen inzwischen überholt. 1960 betrug im früheren Bundesgebiet der Mädchenanteil an Gymnasien noch 39,8 %. Diese Quote stieg bis zum Schuljahr 1999/2000 in Deutschland auf 54,4 %. Ähnliches gilt auch für die Abschlüsse: Von den Abiturienten (Absolventen mit Hochschul- und Fachhochschulreife) waren 1999 53,3 % Frauen gegenüber 35,6 % im Jahr 1960... Ihre Beteiligung an Studium und Beschäftigung an Hochschulen (ist) in den letzten Jahren kontinuierlich gestiegen. Vom Wintersemester 1980/81 im früheren Bundesgebiet bis Wintersemester 2000/2001 in Gesamtdeutschland erhöhte sich der Anteil von Studentinnen an allen Studierenden von 36,7 % auf 45,9 % und der Anteil der Studienanfängerinnen an allen Erstsemstern von 40,4 % auf 48,9 %." (Pressemittlg. Stat. Bundesamt v. 7.3.2001)

Das infolge der Kritik an der Koedukation vor allem in den 80er Jahren entstandene Bewußtsein, daß Mädchen als „Sozialschmiere" zwischen den Jungen fungieren, selbst aber zuwenig Beachtung und Förderung erhielten, hatte zu breit angelegten Förderungsimpulsen und zur Erprobung einer Reihe von Modellmaßnahmen geführt (vgl. Enders-Dragässer/Fuchs 1989, Steves u.a. 1994, Nyssen 1999). Das zugleich sich wandelnde Bild vom zurückhaltenden, stillen zum ausdrucksstarken und leistungsbewußten Mädchen führte dazu, daß zunehmend solche Mädchen ins Auge fielen, die die Geschlechtsrollengrenzen überschritten und Verhaltensweisen zeigten, die vorher nur oder eher Jungen vorbehalten schienen. Dies trifft nicht nur auf Leistungsstärke zu, sondern auch auf Lautstärke und aggressiven Ausdruck, die bei Mädchen nun allmählich häufiger anzutreffen waren und hinsichtlich der Einordnung und Bewertung entsprechenden Verhaltens oftmals zu Verwirrungen führten. Nicht lange ließen auch Schlagzeilen über gewalttätige Mädchen auf sich warten, die nicht nur mit den Jungen mithielten, sondern sogar brutaler seien (z.B. Spiegel 11/98). So pauschal entspricht diese These der Realität nicht, sie eignet sich jedoch allemal für einen Zeitungsaufmacher.

Die Betonung von Mädchen als Täterinnen geschah zu einem Zeitpunkt, zu dem die Gewaltdebatte die Bundesrepublik überschwemmte, jedoch lange Zeit nicht zur Kenntnis genommen wurde, daß die sorgenbereitende Gewalt in allererster Linie, in manchen Bereichen sogar ausschließlich, männlich war und die Notwendigkeit von Konsequenzen in der Veränderung männlichen Verhaltens, männlicher Leitbilder und entsprechender Sozialisationsprozesse eigentlich unübersehbar machte (vgl. Heiliger/ Permien 1995, Schenk 1993).

Doch je mehr der Konfrontation mit der Tatsache der Geschlechtsspezifik gleich Männlichkeitsspezifik ausgewichen wurde, desto geneigter schienen Medien und in der Folge auch die Fachpresse, den Blick von den Jungen weg auf die Mädchen zu richten. Bis dahin hatten sich Fachfrauen z.B. aus dem Umkreis der IGFH[1] primär intern mit dem Thema Gewalt- und Aggressionspotential von Mädchen (z.B. in Heimen) beschäftigt, auch im Sinn einer Auseinandersetzung mit dem institutionellen Umgang mit dieser Gewalt, d.h. mit Maßnahmen wie Wegsperren, Psychiatrisieren oder Leugnen. Zum gewandelten Weiblichkeitsbild der 90er Jahre paßte nun Gewaltbereitschaft, Rücksichtslosigkeit und Aggressivität als Negativfolie für gewachsenes Selbstbewußtsein und ausdrucksstarke Präsenz von Mädchen und jungen Frauen.

Die Angleichung der Geschlechtsrollen, gern als Geschlechtergleichheit/Androgynität vorweggenommen, kam allmählich aber doch voran. Vor allem Mädchen/junge Frauen mit Gymnasialabschlüssen rechneten sich gute Chancen aus, sich in der Gesellschaft durchzusetzen, einer brauchbaren beruflichen Entwicklung entgegenzusehen und die Vereinbarkeit von Beruf und Familie zu schaffen. Allmählich – freilich viel zu gering – wuchs der weibliche Anteil in sogenannten Männerberufen, wurden leistungsstarke Frauen im Sport ein fast schon alltägliches Bild und Frauen in leitenden Positionen zu lebendigen Vorbildern für junge Frauen, die ihnen eine eigene Karriere und Geltung vorstellbar sein ließen.

Die 13. Shell-Studie („Jugend 2000") stellte einen „Prozeß der Angleichung zwischen Mädchen und Jungen in bezug auf Werte, Zukunftsvorstellungen, Lebenskonzepte, Lebenshaltungen sowie Partnerschaftsmodelle" fest (S. 345) und zog daraus den Schluß, daß es typisch weibliche bzw. typisch männliche Lebensmuster

---

1 Internationale Gesellschaft für erzieherische Hilfen.

bei deutschen Jugendlichen nicht mehr grundsätzlich zu geben scheine. Auch ihre Verhaltensbereiche hätten sich tendenziell zueinander geöffnet (S. 346).

Oechsle und Geissler (1998) stellen in ihrer empirischen Studie fest, junge Frauen gingen heute davon aus, „daß sich der weibliche Lebenslauf tiefgreifend verändert hat" (S. 13), und leiteten daraus den Anspruch auf Gleichheit, unabhängig von ihrer Lebensplanung, ab. Einen „festen Willen nach eigenbestimmtem Leben" bescheinigen Christiana Klose und Mechthild Jansen (1998) anhand von Aussagen erfolgreicher junger Musikerinnen einem Teil der jüngeren Generation: „Ich glaube, daß unsere Generation es so selbstverständlich nimmt, Frau zu sein und zu machen, was sie will, jedenfalls diejenigen, die so aufgewachsen sind wie wir, daß sie erst gar nicht groß darüber nachdenken."[2]

Pluralisierung und Individualisierung von Lebensformen, Planung einer beruflichen Perspektive, der Eindruck von Gleichberechtigung gegenüber Jungen, der Eindruck einer ihnen offenstehenden Welt – frauenpolitische Erfolge der letzten zwanzig Jahre sind für viele junge Frauen heute selbstverständlich.

Die „ungleiche Gleichheit"

Doch auf die Gleichheitsmeldungen folgt in aller Regel die Auflistung der Barrieren, die Mädchen und Frauen noch immer entgegenstehen und allemal Handlungsbedarf signalisieren. Die 13. Shell-Studie stellt über ihre oben angeführte These der Angleichung der Geschlechter hinaus nicht nur fest:

*   Unterschiede zwischen Jungen und Mädchen gibt es nach wie vor,
*   klassisch-männlich dominierte Bereiche sind weiterhin männlich dominiert geblieben,
*   die Alltagswelten unterscheiden sich immer noch („Jugend 2000", S. 346),

sondern sie erkennt neu entstandene Unterschiede, die an die Stelle der alten traditionellen treten (vgl. ebd. S. 347).

2   Diane von den Lemonbabys im FR-Interview vom 10.2.97, bei Klose/ Jansen 1998, S. 128.

12

Gesellschaftliche Benachteiligungen von Mädchen und Frauen sind auf der breiten Ebene noch nicht beseitigt, wie Daten und Fakten aus unterschiedlichen Bereichen belegen (vgl. Cornelißen u.a. 2002, Öchsle/Geissler 1998, Heiliger 2000, 11. Kinder- und Jugendbericht 2002 u.a.) – bei Berufsausbildung und Berufswahlspektrum, Chancen auf dem Arbeitsmarkt, Karriereaussichten, Präsenz in Führungspositionen, bei der Verteilung auf Berufsbereiche, beim Lohnniveau, hinsichtlich der Vereinbarkeit zwischen Familie und Beruf, sowie durch alltäglichen Sexismus und Gewalterfahrungen.

Öchsle/Geissler sprechen von einer „ungleichen Gleichheit" (1998) und kommen zu dem Schluß, in der BRD gebe es „ein erhebliches Beharrungsvermögen der Strukturen geschlechtsspezifischer Ungleichheit, während Lebensentwürfe und Lebensführung der jungen Frauen Gleichheit voraussetzen" (ebd. S. 23). Die beiden Autorinnen identifizieren die Stabilisierung traditioneller Geschlechterverhältnisse in der Struktur der Institutionen: „Fast könnte man von einem ‚institutional lag' gegenüber der kulturellen Modernisierung im Geschlechterverhältnis sprechen" (ebd., vgl. Heiliger 2000[3], 2001). Eine vorherrschende „Gleichheitsrhetorik" produziere „Gleichheitsmythen" und verhindere, daß die real bestehenden Ungleichheiten thematisiert und bearbeitet werden können. „Die Schein-Emanzipation" titelte eine Spiegel-Ausgabe sozusagen als korrigierende Antwort auf die vorangegangenen, oben angeführten Titelgeschichten und beklagte darin, daß sich an der Machtverteilung zwischen Mann und Frau in der Gesellschaft bisher nicht viel verändert habe (vgl. Supp u.a. 2000).

Die Erwerbsquote von Frauen in Gesamtdeutschland ist zwar insgesamt von 51,7 % auf 60,7 % (Männer 80,2 %) gestiegen, dieses Ergebnis relativiert sich aber durch die höheren Zahlen im Osten, den Anteil geringfügig Beschäftiger (8,3 %) und einen

---

3 Zu dem gleichen Ergebnis kommen wir in unserer Studie zur wissenschaftlichen Begleitung der Münchner Kampagne gegen Männergewalt, in der wir ebenfalls die Institutionen identifizieren als diejenigen Instanzen, die das professionelle Handeln ihrer MitarbeiterInnen zum großen Teil mit überholten Geschlechtsrollenbildern strukturieren und damit einen wesentlichen Faktor zur Tradierung der Duldung von Jungen- und Männergewalt gegen Mädchen und Frauen darstellen, vgl. Heiliger 2001.

hohen Anteil von Teilzeitarbeitsplätzen. 90 % aller Teilzeitarbeitsplätze werden immer noch von Frauen besetzt, da Frauen nach wie vor für Erziehung und Familienarbeit zuständig sind. Von Erwerbslosigkeit sind Frauen nach wie vor in höherem Maß als Männer betroffen (25 Jahre und älter: 2000 8,1 zu 7,3 %; 2001: 7,9 zu 7,5 %, BfA-Erwerbslosenquote 2002). Der Anteil von Frauen in sogenannten Männerberufen konnte nicht nur nicht gesteigert werden, er ging sogar zurück, insbesondere in Handwerksberufen (von 10 auf ca. 9 %, im Tischlerberuf sogar auf 7,6 %), aber auch in technischen Berufen und im IT-Bereich (vgl. Granato/Schittenhelm 2000).

Im Rahmen der Kommunikations- und Informationsmedien bieten sich zwar wachsende Qualifizierungs- und Beschäftigungsmöglichkeiten auch für Frauen, doch nur 28 % der Auszubildenden in diesem Bereich sind junge Frauen, im Osten etwas mehr, bei jugendlichen Migranten und Migrantinnen sind es allgemein sogar nur 5 %.

Hinzu kommt die Tatsache, daß Frauen nach wie vor nur 70 % des Einkommens von Männern verdienen und weiterhin in Leitungs- und Führungspositionen enorm unterrepräsentiert sind. Ferner ist eine deutlich höhere Beteiligung von Männern an der Reproduktionsarbeit nach wie vor nicht festzustellen, so daß eine echte Wahlfreiheit für junge Frauen für oder gegen Erwerbsarbeit eigentlich nicht gegeben ist (vgl. Paar 1997, Schittenhelm 1998).

Hinsichtlich der schulischen Ausbildung weisen Mädchen zwar mittlerweile ohne Zweifel bessere Schulabschlüsse als Jungen auf (vgl. Berufsbildungsberichte 1998, 1999, 2000), die Ausbildungsquote junger Frauen ist bis 1997 insgesamt auf 48 % gestiegen. Doch garantiert auch schulische Ausbildung bzw. ein schulischer Abschluß kein Beschäftigungsverhältnis, bestehen entsprechende Risiken nicht nur für junge Frauen ohne oder nur mit Hauptschulabschluß. Auch für solche mit Realschulabschluß weist der jetzige Ausbildungs- und Arbeitsmarkt Engpässe und mangelnde Möglichkeiten auf (vgl. Granato/Schittenhelm 2000, S. 123).

Unverändert geblieben ist das enge Berufswahlspektrum der Mehrheit junger Frauen: 54 % „aller Mädchen und jungen Frauen konzentriert sich bei der Berufs- und Ausbildungswahl noch immer auf zehn typische Büro- und Dienstleistungsberufe mit einer zumeist unterdurchschnittlichen Lohnstruktur und schlechteren Einstiegs- und Aufstiegsbedingungen" (BMFSFJ, Pressemeldung vom 21.5.2001). Bürokauffrau und Kauffrau im Einzelhandel (8 bzw. 7,2 %) stehen an erster Stelle der von den jungen Frauen gewählten Berufe, gefolgt von Friseurin (6,3 %), Arzthelferin (6,2 %), Industriekauffrau (5,2 %) und Zahnarzthelferin (5,1 %). Im Osten entscheiden sich mehr für eine Ausbildung zur Kauffrau, Migrantinnen kommen an erster Stelle als Friseurin unter (16,2 %) (vgl. Granato/Schittenhelm 2000, Berufsbildungsbericht 2000, Übersicht 41, Stürzer 2002). 60 % der Ausbildungsberufe sind überwiegend männlich dominiert und nur 20 % überwiegend von Frauen besetzt. 52 % der jungen Frauen ausländischer Herkunft münden in nur vier Ausbildungsberufe (Arzthelferin, Zahnarzthelferin, Kauffrau im Einzelhandel und Friseurin), dagegen 26,5 % bei deutschen jungen Frauen (vgl. Granato/Schittenhelm 2000, S. 139).

Während die eingeschränkte Berufswahl gern den jungen Frauen selbst angelastet wird, weisen Forscherinnen darauf hin, daß z.T. unveränderte geschlechtsstereotype Zuweisungen nach wie vor die Entscheidungen junger Frauen über ihre beruflichen Perspektiven beeinflussen (vgl. Lemmermöhle 1997, Granato/ Schittenhelm 2000). Eine Befragung hat z.B. ergeben, daß Eltern von Haupt- und Realschülerinnen gute Leistungen ihrer Töchter weniger ernst nehmen und die Eignung für frauentypische Berufe voraussetzen (vgl. Hose u.a. 1997). Barbara Stauber (1999) übt Kritik an Berufsberatungen, die Mädchen immer noch einseitig berieten und zu ihrer Kanalisierung in traditionelle Frauenberufe beitrügen. In dieser Hinsicht besteht offensichtlich Aufklärungs- und Fortbildungsbedarf bei den Fachkräften.

Insgesamt scheinen Arbeitsamt, LehrerInnen, Eltern und das gesamte soziale Umfeld an dieser Kanalisierung in typische Frauenberufe beteiligt zu sein und damit in der Summe die Entmutigung zu bewirken, eine Perspektive in anderen Berufsbereichen sich vorstellen und zutrauen zu können. Zu berücksichtigen ist auch, daß rückläufige Entwicklungen auf dem Arbeitsmarkt zu den Faktoren noch hinzukommen, die bei den Entscheidungen der jungen Frauen für ihre berufliche Perspektive eine Rolle spielen.

90 % der jungen Frauen zwischen 25 und 30 Jahren haben zwar heute eine abgeschlossene Berufsausbildung, was zeigt, daß ein

weiblicher Lebenslauf ohne die Option der Erwerbstätigkeit kaum noch denkbar ist und auch Verschlechterungen auf dem Ausbildungs- und Arbeitsmarkt die Berufsorientierung junger Frauen offensichtlich nicht mehr einschränken (vgl. Schittenhelm 1998). Doch während der Ausbildung sind sie mit einer Reihe von Benachteiligungen konfrontiert, wie z.b. ihrer wesentlich geringeren Beteiligung in der Ausbildung im dualen System (52,2 % zu 74 % bei jungen Männern).

Das duale System verbindet betriebliches Lernen mit berufsschulischen Angeboten und bietet eindeutig jungen Männern bessere Chancen: „(Es) kann von einem erheblichen Ungleichgewicht zwischen den Interessen und den Chancen von jungen Frauen im dualen System gesprochen werden." (ebd., S. 129) Daher sind junge Frauen im Vergleich zu Jungen doppelt so häufig im vollzeitschulisch organisierten Berufsbildungssystem zu finden. Einen Ausbildungsplatz in einem Betrieb erhalten sie seltener als Jungen und müssen auf eine außerbetriebliche Ausbildung ausweichen, was sich nachteilig für sie auswirkt.

Aber auch hier sind junge Frauen mit 31 % unterrepräsentiert (hier hauptsächlich in hauswirtschaftlichen und pflegerischen Berufen) und mit 27 % bei den ausbildungsbegleitenden Hilfen für benachteiligte Jugendliche (vgl.Granato/Schittenhelm 2000, Paar 2002). Auch junge Frauen im Osten müssen häufig trotz guter, zum Teil sehr guter Schulabschlüsse und unabhängig von Benachteiligungsstrukturen eine außerbetriebliche Ausbildung beginnen oder in der Schullaufbahn verbleiben (vgl. ebd.).

In männerdominierten Berufen sind junge Frauen weiterhin mit 10 % sehr wenig vertreten, wobei in den neuen Bundesländern mit 18,8 % ein wesentlich höherer Anteil vorliegt, der vermutlich auf die historischen Bedingungen in der ehemaligen DDR zurückzuführen ist (vgl. ebd.).

Auch im Osten ist der Trend zur Individualisierung und Pluralisierung deutlich spürbar, Freiheiten und Wahlmöglichkeiten für Mädchen und Frauen sind erheblich angewachsen (vgl. Bütow 2000). Doch die Benachteiligung von Mädchen ist auch im Osten nicht zu übersehen: „Mädchen werden nach wie vor in der beruflichen Ausbildung und bei der Vergabe von Lehrstellen benachteiligt, haben auf dem Arbeitsmarkt deutlich mehr Schwierigkeiten, einen ihrer Qualifikation entsprechend bezahlten und sicheren Job zu bekommen. Hinzu kommen einerseits Benachteiligungen im nicht kommerziellen Freizeitbereich, der mädchenspezifischen Interessen nur wenig entgegenkommt, andererseits potentielle Gefährdungen und Ängste gegenüber sexuellen Übergriffen im öffentlichen Raum." (ebd., S. 41)

Insgesamt sind die Freiräume für Mädchen im Osten erheblich gewachsen, hat die Zuweisung traditioneller Geschlechtsrollen bedeutend abgenommen, doch steht dem ein Trend zur Wahl eher typisch weiblicher Berufe entgegen; sogenannte männliche Berufsbereiche, in denen Frauen in der DDR wesentlich häufiger vertreten waren als im Westen, werden von den jungen Frauen heute weniger denn je gewählt. Eine Annäherung im Verhalten von Mädchen an Jungen ist zu beobachten, jedoch auch im Osten nicht umgekehrt von den Jungen an weiblich konnotierte Eigenschaften und Verhaltensweisen: „Jungen halten aufgrund ihrer Position in... Gruppen an ihrer Dominanz-Identität fest, Mädchen ordnen sich vielfach unter..." (ebd., S. 42)

Migrantinnen sind im Verhältnis zu deutschen Mädchen und Frauen verstärkt benachteiligt. Insgesamt sind Migrantinnen nur zu 36 % erwerbstätig, und im gleichen geringen Verhältnis beginnen die jungen Frauen eine Berufsausbildung (vgl. Granato/Schittenhelm 2000). Im Jahr 2000 befanden nur 32 % der jungen Migrantinnen gegenüber 55 % der deutschen jungen Frauen in einer Berufsausbildung (vgl. Berufsbildungsbericht 2000).

Dabei weisen junge Migrantinnen eine hohe Bildungs- und Ausbildungsmotivation auf. In der Ausbildungsplatzvergabe werden deutsche Mädchen von den Betrieben vorgezogen (vgl. Otyakmaz 2001), in Ausbildungsstellen für Berufe mit geringen Verdienstmöglichkeiten sind junge Migrantinnen überdurchschnittlich häufig vertreten (vgl. Granato/Werner 1999). Auch in den Maßnahmen der Jugendberufshilfe sind Migrantinnen bei Ausbildungsbeteiligungen nur zu 5 bis 7 % berücksichtigt (vgl. Collaz 2001). Ein besonderes Defizit betrifft die Ausbildung von Migrantinnen in IT-Berufen und Kommunikationstechniken sowie in Metallberufen und Elektrotechnik (vgl. ebd.).

Benachteiligungen bestehen für Mädchen und junge Frauen in Gesamtdeutschland z.B. auch bei der Gewährung von erzieherischen Hilfen. Die geschlechtsspezifische Analyse dieser Hilfen ergibt, daß Mädchen entsprechende Maßnahmen seltener und über einen kürzeren Zeitraum gewährt werden als Jungen. Mädchen im Kindesalter sind deutlich unterrepräsentiert, erst ab der Pubertät werden sie gleichermaßen von der Jugendhilfe erreicht (vgl. Finkel 2000, Daigler/Finkel 2001), wenn sich ihre Probleme in der Familie zuspitzen:

- „Wenn Mädchen nicht länger als Kinder, sondern vor allem als Frau wahrgenommen und damit in ihrem Verhalten kritischer beäugt werden,
- wenn Konflikte in der Familie eskalieren und die Autonomieansprüche der Mädchen massiv mit stärkeren Kontrollbestrebungen in den Familien kollidieren,
- wenn Mädchen sich weiter verselbständigen und den Mut und die Kraft aufbringen, eigenständig Hilfe für ihre Probleme und Schwierigkeiten zu suchen." (Weber 2000, S. 5)

Die Probleme von Mädchen werden nach wie vor wenig gesehen, es wird von einer „doppelten Benachteiligung" gesprochen (vgl. Kriener/Hartwig 1997, Schäfter/Hocke 1995). Der Anteil von Mädchen als Nutzerinnen von Erziehungshilfen stieg zwar insgesamt von ca. einem Drittel in den 80er Jahren auf 43 % Ende der 90er Jahre (vgl. Pothmann/Rauschenbach 1999), die Aufmerksamkeit gilt aber stärker nach wie vor den Jungen, die bekanntermaßen mit auffälligeren Verhaltensweisen mehr ins Auge fallen (vgl. Finkel 2000). So werden in vielen Formen der Hilfen zur Erziehung Jungen häufiger betreut, Mädchen sind beim Aufnahmealter wesentlich älter als Jungen (Jungen ab 6, Mädchen ab 15 Jahren) und werden zuvor eher in der Familie belassen, bis sie mit 15 Jahren selber den Anspruch auf Hilfe anmelden können, aber „dann ist eben schon sehr viel passiert..." (ebd., S. 35)

Bei den ambulanten Hilfen und der Tagesbetreuung sind die Mädchen unterrepräsentiert, während sie bei Betreuung in der eigenen Wohnung überrepräsentiert sind, was hohe Anforderungen an eine selbständige Lebensführung stellt.

Das Instrument des Gendermainstreaming als Strategie zur Erreichung der Gleichstellung

Große Hoffnungen

Die Beharrungstendenzen in der asymmetrischen Geschlechterverteilung und die Analyse des „institutional lag" haben die Idee des Gendermainstreaming geboren, in der Erkenntnis, daß die bisherigen Instrumente der Frauen- und Mädchenförderung geschlechtertraditionelle Denkstrukturen und Verhaltensweisen in vielen Bereichen nicht oder viel zu langsam aufweichen konnten (vgl. Stiegler 2000, Brommer 2002). Die infolge der Diskussionen auf der 4. Weltfrauenkonferenz 1995 in Bejing – umgesetzt in den Amsterdamer Vertrag von 1997 und den Kabinettsbeschluß der Bundesregierung vom Juni 1999 – nun geltende staatliche Verordnung, Geschlechterkategorien immer mitzudenken und im fachlichen Handeln bewußt zu machen, welche unterschiedlichen Voraussetzungen die beiden Geschlechter mitbringen, wie die jeweiligen Maßnahmen sich auf Frauen und Männer auswirken und wie darauf im Sinn der Umsetzung von Gleichberechtigung zu reagieren ist, wurde allseits mit großer Hoffnung und Begeisterung aufgenommen (vgl. www.gender-mainstreaming.net).

Gendermainstreaming bezeichnet den Prozeß und die Vorgehensweise, die Geschlechterperspektive in die Gesamtpolitik aufzunehmen. Dies bedeutet, die Entwicklung, Organisation und Evaluierung von Entscheidungsprozessen und Maßnahmen so zu betreiben, daß in jedem Bereich und auf allen Ebenen die Ausgangsbedingungen und Auswirkungen auf die Geschlechter berücksichtigt werden, um auf das Ziel einer tatsächlichen Gleichstellung von Frauen und Männern hinwirken zu können. Dieser Prozeß soll Bestandteil des normalen Handlungsmusters aller Ressorts und Organisationen werden, die an politischen Entscheidungsprozessen beteiligt sind.

Besonders wird dabei die sogenannte „Doppelstrategie" betont: Das Zusammenwirken spezifischer Mädchen- und Frauenpolitik mit dem Gendermainstreaming als zwei unterschiedlicher Strategien zur Erreichung der Gleichstellung der Geschlechter, wobei betont wird, daß beide Strategien notwendig sind und sich gegenseitig ergänzen, aber nicht ersetzen (vgl. ebd.). Mädchen- und Frauenförderung bezieht sich auf spezifische Maßnahmen, während Gendermainstreaming bei allen politischen Entscheidungen und „bei allen politischen, normgebenden und verwaltenden Maßnahmen der Bundesregierung zu beachten" ist (Schweikert 2002). Als europäische Richtlinie verpflichtet Gendermainstreaming die europäischen Staaten zur Befähigung, mit diesem neuen Instrument umzugehen. Die Prozesse der Schulungen sowie die ersten Umsetzungsschritte und Projekte sind in vollem Gang (vgl. Stiegler 2000, Schweikert 2001, 2002, Blickhäuser 2001). Begleitet von einer interministeriellen Steuerungsgruppe „(hat sich) jedes Ressort verpflichtet, seine Beschäftigten so fortzubilden, daß sie Gendermainstreaming in ihrem Fachbereich berücksichtigen können" (Schweikert 2002).

Das Ganze hört sich nach großem Aufbruch und grundlegendem Ansatz an der Struktur politischen Denkens und Handelns in bezug auf die Geschlechterfrage an und begründet daher die positive Resonanz, zumindest aber zurückhaltendes Abwarten.

Gefahr 1:Aushebelung von Frauenförderung?

In Anbetracht der Prozeßhaftigkeit der begonnenen Entwicklung scheint allerdings der Begriff des Gendermainstreaming oft zu rasch in Papiere und Verlautbarungen integriert zu werden. Angesichts der Analyse der „Beharrungstendenzen" kann die unmittelbare Übernahme des Konzeptes kaum davon überzeugen, daß der gewünschte Umdenkungsprozeß bereits vollzogen wurde. Mit der Leitlinie des Gendermainstreaming soll ja erst das Bewußtsein der geschlechtsbezogenen Verhaltensweisen entstehen, um das professionelle Handeln langfristig umzubauen. Da wird der Begriff bereits gelegentlich mit der Absicht verwendet, geschlechtsspezifische, im besonderen geschlechtshomogene Arbeit für überflüssig oder veraltet zu erklären und Frauen- und Mädchenförderung auszuhebeln (vgl. Bitzan/Daigler 2001, Weber 2001, Jantz 2002).

In einer Stadt der Bundesrepublik wurde das Frauenbüro aufgelöst – unter Berufung auf das Konzept des Gendermainstreaming, und deklariert als Fortentwicklung der Frauenförderung – und ein sogenanntes Genderbüro gegründet mit der unspezifischen Formulierung „Stabsstelle für individuelle Chancengleichheit" (vgl. Beschlußvorlage der LH Stuttgart v. 12.7.2001). Dies ist eine Entwicklung, die auf die Gefahren des Gendermainstreaming-Konzepts aufmerksam macht: Da, wo der Ansatz geschlechts- resp. frauenspezifischer Förderung bereits vorher auf Widerstand gestoßen war, kann das Konzept des Gendermainstreaming zur Entledigung mißliebiger politischer Praktiken benutzt/mißbraucht werden. Die Stellungnahme der Stuttgarter Gleichstellungsstelle zur Beschlußvorlage, in der sie auf die Doppelstrategie verweist, wurde mit der lapidaren Begründung nicht berücksichtigt, daß

a. das Ziel der individuellen Chancengleichheit nicht mitgetragen wird,

b. frauenpolitische Initiativen von den Aufgabenfeldern... des Beschlußantrages umfaßt werden,

c. der Begriff des Gendermainstreaming von der Gleichstellungsstelle anders interpretiert wird,

d. die organisatorischen Auswirkungen der Neustrukturierung noch zu klären sind (ebd. S. 5).

Dies ist ein Beispiel kompletter Aushebelung der bisherigen Frauenförderungsstruktur mit dem Machtakt des „Malestreams" (Drogand-Strud 2002), einer willkürlichen Definition von Gendermainstreaming, die sich von den politischen Vorgaben abkoppelt. Wie groß die Gefahr beliebiger Wiederholungen entsprechender Praxen ist, zeigt das Fehlen jeglicher Kontroll- und Sanktionsmöglichkeiten von der Bundesebene in die Länderebenen hinein.[4]

Gefahr 2: Beendigung von Mädchenförderung?

Im Bereich der Mädchenförderung gibt es ähnliche Tendenzen. Für Mädchenförderung gäbe es angesichts des großen Fortschritts,

---

4 So Frau Unger-Soyka, Leiterin der Interministeriellen Steuerungsgruppe auf einer Podiumsdiskussion des Symposiums des Deutschen Jugendinstitutes am 22.4.2002 in Berlin.

21

der bei Mädchen und jungen Frauen zu verzeichnen wäre, keinen Bedarf mehr, ist mittlerweile zu hören (vgl. Meyer/Seidenspinner 1999, Meyer 1999). In den ab dem 1.1.2001 in Kraft getretenen Richtlinien zum Kinder- und Jugendplan (KJP) des Bundes ist das bisherige Mädchenprogramm bereits durch Formulierungen ersetzt worden, die sich gleichermaßen auf Mädchen und Jungen beziehen, ohne die bestehende geschlechtsspezifische Asymmetrie zu berücksichtigen (vgl. Struck 2001). Norbert Struck vom Paritätischen Wohlfahrtsverband kommentiert diese Entscheidung folgendermaßen: „Noch bevor sich irgendein Ertrag des Gendermainstreaming in bezug auf Umschichtungen und Umorientierungen in den anderen Programmen zugunsten von geschlechtsspezifischen und mädchenbezogenen Projekten und Infrastrukturen zeigt, werden schon mal die Mittel des Mädchenprogramms ‚gegendert', also den Mädchenprojekten zum Teil entzogen und Jungenprojekten zugewiesen. Gendermainstreaming als Abbau von mädchenpolitischen Ressourcen im KJP!" (ebd. S. 44; vgl. Enggruber 2001, S. 42)

Selbst die Sachverständigenkommission des 11. Kinder- und Jugendberichts (Berlin 2002) äußerte Skepsis, ob das Konzept des Gendermainstreaming erfolgreich umgesetzt wird: „In Förderplänen der Kinder- und Jugendhilfe läßt sich bis dato jedenfalls eine Praxis beobachten, die durch den schlichten Bearbeitungsmodus suche ‚Mädchen' und ersetze durch ‚Mädchen und Jungen' sich des Problems eher zu entledigen als dieses zu bewältigen versucht." (ebd. S. 113)

Während Jungen sich bekanntlich schon immer schwertaten, wenn Mädchen in Jugendarbeit und Schule besondere Aufmerksamkeit erhielten, geben nun auch die Fachkräfte wieder Argumenten Raum, die Sorge müsse zukünftig den Jungen gelten, die hinsichtlich spezifischer Förderungen als benachteiligt gesehen werden (vgl. kritisch: Jantz 2002). Ihre Entdeckung als Defizitwesen war Anfang der 90er Jahre ein Novum innerhalb der noch jungen Männlichkeitsdebatte (vgl. Schnack/Neutzling 1990).

Die Diskussion um Dekonstruktivismus und „Doing Gender" (vgl. Mühlen Achs 1998, Butler 1990) wird als weiteres Argument angeführt, um mädchenspezifische Arbeit als nicht mehr zeitgemäß zu deklarieren (vgl. Meyer 1999, Rose/Scherr, Jantz 2002). Vor allem die theoretische Diskussion über den Abbau der Geschlechtsrollenzuweisungen im dekonstruktivistischen Konzept wird unmittelbar auf die vorgefundene Realität übertragen. Dies führt zu der Auffassung, Geschlecht verliere für die persönliche Identitätsbildung zunehmend an Bedeutung, und die Unterschiede innerhalb eines Geschlechts seien mittlerweile größer geworden als die zwischen den beiden Geschlechtern. Darüber hinaus heißt es, die Mädchen selbst wollen eine besondere Förderung gar nicht (mehr), sehen sich nicht als gesellschaftlich benachteiligt und wollen nicht als Opfer gesellschaftlicher Verhältnisse gesehen werden. Sie nehmen sich als gleichberechtigt wahr und verwenden den Begriff „Emanze" als Schimpfwort zur negativen Abgrenzung.

In dieser Richtung argumentieren vor allem Meyer/Seidenspinner (1999), die behaupten, Mädchenarbeit sei nicht mehr zeitgemäß, sie beziehe sich auf Maximen, die in den 80er und 90er Jahren gültig gewesen seien. Die Autorinnen werfen den Pädagoginnen in der Mädchenarbeit vor, die veränderten gesellschaftlichen Verhältnisse und theoretischen Diskurse nicht zu reflektieren, und polemisieren, es handle sich um Ansätze einer Pädagogik, „die sich in einem gut kaschierten Herrschaftsanspruch des permanenten und wortreichen Einsatzes für andere vor allem beweist" (ebd., S. 70).

Diese Äußerungen sind zum einen fachlich nicht nachvollziehbar, zum anderen ignorieren sie die Mädchenforschung der 90er Jahre. Sie orientieren sich an theoretischen Diskussionen, die davon ausgehen, Gleichstellung in der Gesellschaft sei erreicht, sowie an allgemeinen jugendspezifischen Theorien, die geschlechtsspezifische Reflexion aber vermissen lassen. Struck dagegen identifiziert Widerstände und Hemmnisse gegen mädchenspezifische Ansätze, „durch die die Machtallianzen des kommunalen Malestreams den geschlechterdifferenzierenden Blick spätestens dann zurückweisen, wenn er notwendige Konsequenzen im Hinblick auf Machtspiele und Ressourcen entwickelt und einfordert" (Struck 2001, S. 43).

Wenn die derzeitigen dekonstruktivistischen Ansätze in der Geschlechterforschung in einen ursächlichen Zusammenhang mit dem Gendermainstreaming gebracht werden, wird dieses Konzept verfälscht und der Gleichstellungsdiskurs ausgeblendet (vgl. Meyer 1999, kritisch: Struck 2001). Gendermainstreaming ist nicht Ergebnis der Debatte um Konstruktion von Geschlecht, sondern der Entschlossenheit, der geschlechtsspezifischen Sicht- und Handlungsweise zur Durchsetzung in Politik und Verwaltung mit dem Ziel der Geschlechtergerechtigkeit in Anerkennung der Unterschiedlichkeit zu verhelfen: „In allen Lebensbereichen bestehen Unterschiede in der Lebensrealität von Frauen und Männern. Daher ist das Ausgehen von geschlechtsneutralen Entscheidungen irreführend und bedeutet in der Regel eine selbstverständliche Übernahme männlich geprägter Sicht- und Vorgehensweisen, was dem Ziel der Herstellung einer Geschlechtergerechtigkeit widerspricht. Die Unterschiede zwischen den Geschlechtern müssen daher in Analyse, Planung, Durchführung und Auswertung von politischen Entscheidungen thematisiert und transparent gemacht werden." (www.bmfsfj.de, S. 7)

Die neuen gesellschaftspolitischen Theorien und Analysen (s.o.) wurden bereits Anfang bis Mitte der 90er Jahre innerhalb der Mädchenpolitik, Mädchenpraxis und Mädchenforschung reflektiert und in ihrer Bedeutung für die Mädchenarbeit bewertet (vgl. Funk 1995, Funk/Schwarz 1999, Bitzan/Daigler 1999, 2001, Möller 1997, Schwarz 1997 u.a.). Diese Bewertung geschah aus der einschlägigen Kenntnis von Mädchenarbeit und Forschung, daraus wurden Vorschläge für eine Mädchenarbeit entwickelt, die veränderte gesellschaftliche Bedingungen zum Ausgangspunkt hat (vgl. z.B. Bitzan/Daigler/Rosenfeld 1999).

Meyer/Seidenspinner (1999) bezogen sich auf diese Reflexionen und Vorschläge nicht, was die Verantwortlichkeit bei Meyer für die Evaluation der so wichtigen Fortsetzungsphase der Mädchenförderung im Kinder- und Jugendplan (KJP) des Bundes unverständlich macht. Nur hohe Fachlichkeit, umfassende Kenntnis der Mädchenarbeit und -forschung können die Voraussetzung für ernstzunehmende Bewertungs- und Entscheidungskompetenz hinsichtlich der Zukunft der Mädchenförderung bilden. Das Fehlen dieser Voraussetzung wurde auch in einer Broschüre sichtbar, in der Meyer/v. Ginsheim Aussagen aus Expertinnen-Interviews zusammenstellten (vgl. Ginsheim/Meyer 1999) – es mangelt an systematischen inhaltlichen Zuordnungen, die Aussagen erscheinen verfremdet wiedergegeben und in unzutreffende Zusammenhänge gebracht.[5]

Die Schlußfolgerungen, die später in entsprechenden Artikeln auftauchten, sind m.E. aus den Aussagen der Interviewten nicht abzuleiten. Die Autorinnen wurden folglich von der Mädchenarbeitsszene auch heftig kritisiert, die ihre Erfahrungen und Einschätzungen falsch interpretiert sah (vgl. Debbing/Ingenfeld 1998). Cecilia Debbing und Marita Ingenfeld (1999) von der Fachstelle Mädchenarbeit NRW, Fuma, kritisierten darüber hinaus, daß Meyer/Seidenspinner ihr „Plädoyer für einen Paradigmenwechsel" (1999) auf der Sichtung von 231 Finanzierungsanträgen, die in der zweiten Phase des Bundes-Modellprogramms „Mädchen in der Jugendhilfe" gestellt wurden, gründen, bei denen sie einen Mangel an Innovation meinten feststellen zu können.

Debbing und Ingenfeld weisen daraufhin, daß das Ziel von Antragstexten die Bewilligung der beantragten Gelder ist, sie sich daher eng an Finanzierungskriterien der Verwaltung orientieren. Sie halten es für unzulässig, aus diesen Texten auf die Praxis der Mädchenarbeit als Ganzes zu schließen, zumal eine Auseinandersetzung mit den Grundlagen der Mädchenarbeit von Meyer/ Seidenspinner nicht geleistet worden sei.

Der Finanzierungsaspekt verweist auch auf grundsätzliche Behinderungen innovativer Entwicklungen in staatlich geförderten Projekten. Förderung erfordert die Einordnung in gegebene Kriterien der Verwaltung, die die Effektivität eines Projekts wiederum hieran mißt. Impulse, die neue Lösungen oder Ansätze versprechen, lassen sich über diesen Status quo oft nicht rechtfertigen und laufen daher Gefahr, eher abgewürgt als aufgegriffen zu werden.

Die Entwicklung in der BRD zur Institutionalisierung von Mädchen- und Frauenprojekten über öffentliche Gelder hat insgesamt m.E. eine hohe Anpassung an ein traditionelles Professionalitätsverständnis bewirkt. Dieses steht den Lebenssituationen von Mädchen und Frauen und der Vielfalt ihrer Bedürfnisse, Interessen, Fähigkeiten und Probleme oftmals entgegen und ordnet sich in institutionelles Handeln ein, das ursprünglich zur Gründung der Mädchen- und Frauenprojekte als Kritik an eben diesem Handeln geführt hatte. Innovative Entwicklungen wurden in weiten Teilen

---

5 Da ich selbst auch interviewt wurde, konnte ich dies nachvollziehen: Ich erkannte meine eigenen Aussagen nicht wieder.

durch die Finanzierungskriterien untergraben. Die Vorgehens-
ebenso wie Argumentationsweise von Meyer/Seidenspinner/von
Ginsheim im Hinblick auf die Mädchenarbeit zeigen teilweise eine
antifeministische Wirkung, die sich u.a. an der Bereitschaft zur
(neuerlichen) Infragestellung von (parteilicher) Mädchenarbeit
ablesen läßt (vgl. u.a. Rose 2000, Scherr 2000).

Parallel zu den angeführten Diskussionen und Einschätzungen
wurde im Zuge kommunaler Verwaltungsreformen bereits auf
andere Weise der Durchsetzung des Gendermainstreaming als
fachlicher Haltung vorgegriffen. Der Begriff Mädchen bzw. Frauen
wurde z.B. in München aus den Kategorien der Zuordnungen von
Projekten und Arbeitsansätzen eliminiert, so daß eine ausgewiese-
ne Mädchen- bzw. Frauenförderung als Finanzierungskriterium
nicht mehr erscheint. Die Projekte/Maßnahmen wurden Schwer-
punkten zugeordnet, die eine geschlechtsspezifische Differenzierung nicht mehr enthalten, wie Stadtteil, Familie, Beratung usw.
Dies geschieht zu einem Zeitpunkt, zu dem mit zunehmender
Durchsetzungskraft die strukturelle Verankerung von Mädchenförderung im Rahmen der Jugendhilfe gefordert und teilweise
auch eingelöst wurde. Die Eliminierung der Kategorie Mädchen
und Frauen stellt die mädchen- und frauenpolitische Diskussion
vor eine ganz neue Situation, deren politische Bedeutung und Konsequenzen für die Praxis m.E. bisher noch nicht realisiert wurden.

Andernorts wurden Frauengremien aufgelöst – z.B. im Landesjugendring NRW[6] –, die Verabschiedung mädchenpolitischer Leitlinien mit der Begründung verhindert, jungenpolitische Leitlinien
müßten gleichzeitig verabschiedet werden. „Makaber ist, wenn –
wie einige Frauen berichteten – die Verabschiedung mädchenpolitischer Leitlinien verhindert wird mit dem Argument, zunächst
müssen jungenpolitische Leitlinien erarbeitet werden, dann könne
man beides im Paket verabschieden, aber dieser Arbeitsprozeß sei
leider noch nicht in Gang gekommen. Man könne da nicht anders,
denn jetzt herrsche Gendermainstream." (Struck 2001, S. 43)

6 Information von Ulrike Werthmanns-Reppekus auf einem Workshop des
Deutschen Jugendinstituts am 28.6.2002 in München.

Handlungsbedarf für Mädchenarbeit
im Rahmen des Gendermainstreaming

„Wenn die Institution der Frauenbeauftragten in Frage gestellt wird, wenn Mittel für die Mädchenarbeit gekürzt werden, wenn Jungen- und Männerarbeit plötzlich aus Förderprogrammen für Mädchen- und Frauenprojekte gefördert werden, wenn Frauenprojekte gestrichen werden, dann ist das mit dem Gendermainstreaming-Ansatz in keiner Weise vereinbar." (Stiegler 2001, S. 71) Es kann offenbar gar nicht oft genug betont werden, daß Gendermainstreaming Mädchen- und Frauenförderung ergänzen soll, jedoch nicht ersetzen darf. Mückenberger und Tondorf (2000) machen in ihrem Papier zur Umsetzung des Gendermainstreaming in den Handlungsfeldern der Landesverwaltung in Niedersachsen deutlich, daß darüber hinaus Gleichstellungspolitik die Basis für Gendermainstreaming ist. Gendermainstreaming soll geschlechtsspezifischen, auf Chancengleichheit zielenden Ansätzen Nachdruck verschaffen und ihre Effektivität erhöhen.

Diese Auffassung findet sich auch in den Empfehlungen der AGJ (Arbeitsgemeinschaft für Jugendhilfe) zur Umsetzung des Gendermainstreaming im Kinder- und Jugendplan des Bundes: „...wird die Forderung nach Gendermainstreaming und die Hervorhebung der Notwendigkeit geschlechterdifferenzierender Zugänge bei allen aus dem KJP (Kinder- und Jugendplan des Bundes) geförderten Maßnahmen als eine Aufgabe von besonderer Bedeutung verankert. Damit findet auch eine alte Forderung der Fachkräfte der Jugendhilfe, Mädchenarbeit als eigenständigen Handlungsansatz und als Querschnittsaufgabe zu begreifen, expliziten Eingang in die Bundesförderung der Kinder- und Jugendhilfe." (BAJ 2001, S. 56)

Diese Position der AGJ reflektiert den Hintergrund der Geschlechterhierarchie, die es abzubauen gilt, solange sie „durch Sozialisation, durch Gewalt, durch Institutionen, durch Rechtsprechung und Gesetze, durch die Verweigerung von Ressourcen, durch eine Vielzahl von Ungleichheitsstrukturen und patriarchal geprägten Organisationsformen" reproduziert wird (ebd.).

Im Gegensatz zu dieser Aufnahme des Gendermainstreaming-Konzeptes ganz im Sinne des Amsterdamer Vertrags steht allerdings die erwähnte reale Streichung des Mädchen-Förderungsprogramms im KJP als politische Entscheidung auf der Bundesebene (s.o.).

Alle Maßnahmen, die unter Berufung auf Gendermainstreaming andere Ziele als die Gleichstellung der Geschlechter auf der Basis der gegenwärtig noch bestehenden Hierarchie und in Ergänzung von Mädchen- und Frauenförderung anstreben, widersprechen dem politischen Anliegen, das zur Einführung des Gendermainstreaming als europäische Leitlinie geführt hat (vgl. Amsterdamer Vertrag bei Mückenberger/Tondorf 2000, S. 5).

Michael Drogand-Strud (2001) von der Heimvolkshochschule Frille warnt vor „mißbräuchlicher Interpretation des Gendermainstreaming" (ebd., S. 27), wenn unter Berufung auf dieses Konzept die Notwendigkeit geschlechtsspezifischer Arbeit mit dem Argument ignoriert werde, daß geschlechtsbewußtes Handeln ohnehin für alle Bereiche vorgeschrieben sei und alle Angebote beiden Geschlechtern gleichermaßen zugänglich sein müßten: „Mit dieser Argumentationsschiene können alle geschlechtshomogenen Angebote als konträr zum Gendermainstreaming eingeordnet werden, sofern sie nicht rein kompensatorisch einen Ausgleich schaffen." (ebd.) Er stellt weiter fest, daß die Formulierungen zum Gendermainstreaming in der europäischen Richtlinie das Geschlechterverhältnis nicht beschreiben und die bestehende Hierarchisierung somit unbenannt bleibt. Dies war bereits beim § 9, 3 des Kinder- und Jugendhilfegesetzes zu bemängeln, in dem scheinbar geschlechtsneutral lediglich ein Abbau der Benachteiligung eines Geschlechts festgehalten wurde (vgl. Heiliger 1994, 1995). Nun wiederholt sich dieser Mangel an zutreffender Situationsbeschreibung im Gendermainstreaming, was von wesentlich größerer Tragweite sein kann als beim § 9, 3, wenn es das entscheidende politische Instrument zur Beendigung der Ungleichheit, also zur Herstellung von Geschlechtergerechtigkeit, werden soll.

Ohne Benennung der Ausgangssituation im hierarchischen Geschlechterverhältnis bleibt das Ziel des Gendermainstreaming nicht nur unklar, es ist auch beliebig zu füllen, wie das Stuttgarter Beispiel zeigt, in dem die Auflösung der Gleichstellungsstelle als Weiterentwicklung der Gleichstellungspolitik dargestellt wird (s.o.). Die Willkürlichkeit und Beliebigkeit der Anwendung des Gendermainstreaming-Konzeptes kritisieren auch Maria Bitzan und Claudia Daigler (2001): „Je nach Interessen und gesellschaftlichem Standort wird das Konzept... sehr unterschiedlich, zum Teil gegenläufig, interpretiert und umgesetzt. Eine Abschaffung sämtlicher Mädchen- und Frauenförderstrukturen mit der Begründung, deren Ziele jetzt in Regelstrukturen umzusetzen, ließe sich genauso als Konsequenz ableiten wie eine besonders üppige Ausstattung dieser Strukturen, damit sie mehr Einfluß in allen zentralen Verwaltungsbereichen erhalten." (ebd., S. 218)

Erst die Benennung des hierarchischen Geschlechterverhältnisses macht augenfällig, daß spezifische Maßnahmen zur Gleichstellung in der Mädchen- und Frauenförderung weiter notwendig, ja die Basis für das Gendermainstreaming sind. „Wir erleben alltäglich die Konstruktion der Sichtweise einer Normalität, die sich am Männlichen ausrichtet und gleichzeitig auch im Hinblick auf die gesellschaftlichen Vorgaben an Mädchen und Jungen immer wieder ‚Männlichkeit' und ‚Weiblichkeit' produziert." (Drogand-Strud, 2001, S. 28)

Dieser gravierende Mangel in der Richtlinie zum Gendermainstreaming muß in der Praxis durch die explizite Beschreibung der Geschlechterhierarchie und der Maßnahmen, die mit Hilfe der neuen Richtlinie zu ihrer Auflösung führen sollen, aufgehoben werden. Hier scheint besonders hohe Wachsamkeit und Genauigkeit erforderlich zu sein und damit die Notwendigkeit der Einmischung der Praxis, die durch langjährige geschlechtsspezifische Arbeit über Genderkompetenz verfügt, denn „die Folge einer fehlenden Klarheit über die Ursachen des Geschlechterdualismus können in der Konsequenz letztendlich eine Verschleierung der realen Verhältnisse und eine Blockierung der hierarchiekritischen Kräfte bewirken" (ebd.). Eine rein formale, rein quantitative Gleichstellung der Geschlechter würde z.B. nicht hinreichen, um Geschlechtergerechtigkeit zu erreichen, solange im Selbstverständnis der Gesellschaft und der bestehenden Geschlechtsrollen wie in der Selbstsicht von Frauen und Männern reale Gleichheit hinsichtlich Geltung, Macht und Durchsetzungsfähigkeit nicht gegeben ist.

Gerrit Kaschuba und Helga Huber vom Tübinger Institut für frauenpolitische Sozialforschung äußern vor dem Hintergrund der

Widerstände, die mädchenspezifische Ansätze in der Jugendhilfe nach wie vor erfahren, die Befürchtung, daß „mit Gendermainstreaming eine willkommene Gelegenheit gegeben (sein könnte), unliebsame Ansätze der Frauen- und Mädchenarbeit abzuschaffen" (Kaschuba/Huber 2002, S. 20). Daher plädieren auch sie für einen offensiven Umgang mit dem Konzept durch das Einbringen der Erfahrungen geschlechterdifferenzierender Praxis und Forschung, denn „diese stellen eine tragfähige Basis dar, um eigenständige Ansätze der Mädchenarbeit, aber auch koedukative Angebote, die Geschlechterverhältnisse berücksichtigen, systematischer weiter zu verfolgen und durch Gendermainstreaming abzusichern" (ebd., S. 21). Sie sehen die Chance gerade darin, die bereits bestehenden Ansätze geschlechtshomogener Arbeit nicht mehr als Zusatzangebot oder als Sonderprojekt zu betrachten, sondern sie nun zu institutionalisieren und strukturell zu verankern. Dies setzt allerdings voraus, daß im Rahmen des Gendermainstreaming die vielfältigen Erfahrungen in der Mädchenarbeit und ihre Pionierrolle für eine geschlechtergerechte Jugendhilfe anerkannt werden.

Die in der Mädchenarbeit engagierten Frauen sind aufgerufen, den Prozeß der Umsetzung der Richtlinie aufmerksam verfolgen, ihre Erfahrungen zu vermitteln, offensiv einzubringen und einzugreifen, wenn sich mißbräuchliche Entwicklungen andeuten. Kontrolle und Steuerung des Gendermainstreaming-Prozesses sind, wie bereits erwähnt, in der europäischen Richtlinie nicht festgelegt, Sanktionsmaßnahmen für mißbräuchliche Auslegungen nicht vorgesehen. Die Umsetzung ist als politische Strategie den Kommunen vorbehalten und kann von diesen auch eigenmächtig interpretiert werden (vgl. Liebe 2001). Daher ist es unabdingbar, daß die in geschlechtsspezifischen Ansätzen erfahrene Fachbasis entsprechende Kontrolle ausübt. Seitens der Mädchenarbeit kommt den in den 90er Jahren entstandenen Vernetzungsstrukturen hierbei eine besonders wichtige Funktion zu (vgl. Schlegel 2002).

Die Umsetzung der europäischen Richtlinie stellt zunächst ja nur sicher, „daß Entscheidungen im Hinblick auf die Kategorie Geschlecht überprüft werden und geklärt wird, wer dafür zuständig ist, sie beantwortet jedoch nicht die Frage, wie die Herstellung der Chancengleichheit zu erreichen ist" (Sammet 2002, S. 26). Die inhaltliche Vorgehensweise muß jeweils ausgehandelt werden, erfordert also Gestaltung und Beteiligung der erfahrenen Praxis. Wo diese nicht beteiligt wird, sondern unter Ausgrenzung der zur Geschlechterfrage bisher am stärksten ausgewiesenen Mädchen- und Frauenfachbasis Entscheidungen auf den Verwaltungsebenen fallen (s. Stuttgart), liegt bereits eine mißbräuchliche Anwendung des Gendermainstreaming vor (vgl. Stiegler 2000).

Um mädchengerechte Entwicklungen im Kontext des Gendermainstreaming abzusichern und es offensiv als Ergänzung zur geschlechtsspezifischen Arbeit zu definieren, kündigt die Landesarbeitsgemeinschaft Mädchenarbeit in NRW in einer Presseerklärung[7] an, sich künftig aktiv einzumischen und mitzugestalten:
„Gendermainstreaming in der Jugendhilfe begründet Mädchenarbeit. Mädchenarbeit ist erfahren und geübt, Gendermainstreaming umzusetzen. Als Netzwerk von über neunzig Trägern, Arbeitskreisen und Fachfrauen der Mädchenarbeit wird die LAG Mädchenarbeit in NRW e.V. ihre Kompetenzen künftig verstärkt in Gendermainstreaming-Prozesse einbringen. Für Fachfrauen bietet die LAG Mädchenarbeit die Vernetzung zu Fragen von Gendermainstreaming an."

Nordrhein-Westfalen hat mit der Verankerung von Mädchenarbeit „als Querschnittsaufgabe von hervorgehobener Bedeutung" bei der Reform des Landesjugendplans hierfür gute Voraussetzungen geschaffen. Die Verankerung ist in diesem Bundesland künftig handlungsweisend für alle Bereiche der Jugendarbeit und Jugendhilfe. Somit übernimmt NRW in der Bundesrepublik eine Pionierrolle, deren Auswirkung aufmerksam zu verfolgen ist.

---

7   18.6.2002.

Moderne Mädchenbilder und ihre Folgen

Das neue Bild der starken, selbstbewußten jungen Frau, die weiß, was sie will, sich durchsetzt, bewußt und lustvoll ihre Körperlichkeit einsetzt, Schönheitsidealen entspricht, mit Sexualität keine Probleme und insgesamt viel Spaß und keinerlei Schwierigkeiten hat, wird von Barbara Stauber als „komplexes Produkt" analysiert (Stauber 1999, S. 54): einerseits von den Medien geschaffen und transportiert, andererseits aber von den „echten" Mädchen (ebd.) in der Übernahme der Bilder auch verkörpert. Das Bild des medial vermittelten neuen Mädchens, wirkt als Anforderung, dem Bild zu entsprechen, und überträgt die Verantwortung für das Gelingen auf die Mädchen selbst, vermittelt als ihre individuelle, persönliche Entwicklungsaufgabe:

„Die Mädchenbilder evozieren eine Fiktion der Erreichbarkeit: Alles ist möglich, wenn du nur willst. Damit fügen sie sich nahtlos in einen Individualisierungsdiskurs ein, der Gelingen und Scheitern in den persönlichen Verantwortungsbereich einer/eines jeden einzelnen stellt. Die Fiktion der Erreichbarkeit bedeutet im Umkehrschluß: Wenn du es nicht schaffst, bist du selber schuld. Bewältigungsprobleme kennen die neuen Mädchenbilder nicht. Sie machen an der Spaß- und Stärke-Oberfläche halt. Alles bestens. Kein Problem. Soll das, was bisher als Zuschreibungen an männliche Jugendliche galt, nun auch für Mädchen gelten? Die große Klappe und das große Schweigen: Sind dies nun auch die Verhaltenszuschreibungen an Mädchen? Boys don't cry und nun auch die Mädchen?!" (ebd. S. 59)

Heide Funk und Anne Schwarz (1999) haben sich ebenfalls kritisch mit den Bildern auseinandergesetzt, die an Mädchen derzeit vermittelt werden, sowie mit den gesellschaftlichen Veränderungen, die in das Selbstbild von Mädchen einfließen. Sie stellen fest, daß die Mädchen mit der Bewältigung dieser Bilder und der durch sie ausgelösten Widersprüche zu ihrer eigenen Lebensrealität allein gelassen werden: „Frauenbewegung und Moderne haben die Ansprüche von Mädchen auf Respekt und Experimentierräume bestärkt und freigesetzt. Trotzdem wird häufig Eigenständigkeit und Lebendigkeit von Mädchen gesellschaftlich nicht zugelassen, und Einschüchterung und Übergehen ihrer Wünsche und Probleme sind Mädchenrealität. Die dadurch entstehenden Konflikte von Mädchen stehen immer wieder in Gefahr, umgedeutet zu werden. Da, wo Gleichberechtigung heute nicht eingelöst wird, müssen sich Mädchen alleine auf den Weg machen, die Diskrepanz für sich zu bewältigen, d.h. zu den erfahrenen Zurücksetzungen und Verletzungen kommt der Zwang hinzu, sich als problemlos zu präsentieren. Es sind nur bestimmte Formen von Konflikten zugelassen." (Funk/Schwarz 1999, S. 92)

Bitzan/Daigler/Rosenfeld (1999) sehen neben den erweiterten Möglichkeiten durch die modernen Mädchenbilder auch neue Konflikte für Mädchen durch die Individualisierung ihrer Erfahrungen und die wahrgenommenen Widersprüche entstehen. In der Realität seien Mädchen nach wie vor konfrontiert mit geschlechtshierarchischen Bewertungen innerhalb ihrer Familien und in der Begegnung mit Jungen und Männern.

Das Bild des starken Mädchens, das sie zu erfüllen versuchen, bricht sich an ihren gegensätzlichen Erfahrungen, deren Thematisierung keine Anerkennung findet. In einem neuen „Verdeckungszusammenhang" (vgl. ebd.) leugnen Mädchen mehr denn je Benachteiligungen, Probleme, ja sogar Gewalterfahrungen und haben dadurch weniger denn je die Chance der Problembewältigung. Probleme und Unerfüllbarkeit von Wünschen werden mehr denn je individualisiert und nicht als gesellschaftlich verursacht gesehen. Mädchen werden allein gelassen darin, die Diskrepanz zwischen gesellschaftlichen Versprechungen (Gleichberechtigung) und ihrer Nichteinlösung zu bewältigen (vgl. ebd.). Erfahrungen der Demütigung und Entwertung, die Mädchen in der konkreten Interaktion mit Jungen machen, verleugnen sie, um ihre Ohnmacht gegenüber der im Umfeld erlebten Duldung von Dominanzverhalten bei Jungen nicht zu spüren. Macht und Dominanz sind gesellschaftliche Postulate, die die Ohnmacht verdrängen (vgl. Giesinger Mädchentreff 1998, Heiliger 2000b).

Bitzan/Daigler und Rosenfeld (1999) plädieren dafür, die realen Lebensbedingungen von Mädchen als Zielgruppe von Jugendarbeit und Jugendhilfe zur Kenntnis zu nehmen und entsprechend die Angebote der Mädchenarbeit einerseits auf diese Bedingungen, andererseits auf die neuen Selbstbilder der Mädchen abzustimmen und dabei die Strukturen der Benachteiligung nicht zu übersehen: „Heute findet eine neue Form des Übergehens von Mädchen und Mädchenarbeit statt, zu der nur zum Teil die alten Auseinandersetzungsformen passen. Von daher ist es sinnvoll und notwendig, über angemessene Strategien der Einflußnahme und des ‚Zu-Gehör-Bringens' nachzudenken. Ein zentraler Schritt bleibt dabei, die Mechanismen der Marginalisierung und die spezifischen Konflikte herauszuarbeiten, zu benennen und damit der Bearbeitung zugänglich zu machen. Für die Jugendhilfe ist immer wieder neu zu überlegen, wie den Strukturen der Benachteiligung aufgrund des Geschlechts z.b. in der Berufsoption, in der Gewalterfahrung, in Fragen der notwendigen Lebensplanung hinsichtlich der Vereinbarkeit von Familienwünschen und Berufstätigkeit usw. etwas entgegenzusetzen ist, ohne Mädchen erneut als Opfer zu definieren und ihnen damit ihre eigene Handlungsfähigkeit abzusprechen. Damit verbunden sind die Bemühungen um eine Absicherung von Mädchenangeboten, ohne diese zu verabsolutieren." (ebd., S. 179)

Der Widerspruch zwischen den Bildern und der Realität vieler Mädchen, die sich vor allem im Rahmen von Jugendarbeit/ Jugendhilfe und Schule präsentiert, kann sich auch durch die neue Diskussion, Zweigeschlechtlichkeit sei überholt (vgl. Butler 1996, Mühlen Achs 1998, Faulstich-Wieland 2000) verstärken. Der großen Chance, die in der Theorie des Dekonstruktivismus steckt, einer Vielfalt von Geschlechtsidentitäten zur Anerkennung zu verhelfen, steht die Gefahr gegenüber, erneut die Lebensrealität von Mädchen innerhalb der nach wie vor gültigen Geschlechterhierarchie zu vernachlässigen.

Die medial vermittelten Orientierungen präsentieren nur vordergründig neue weibliche Identitäten. Versteckte Signale transportieren weiterhin Zweitrangigkeit und Unterwerfung oder bruchlose Übertragung bzw. Kopie männlicher Verhaltensweisen, die als neues starkes Weib präsentiert werden, jedoch den Fantasien von Männern entspringen. „Tank-Girl", „Lara Croft" und „Xena" sind Beispiele aus dem Medienangebot, ergänzt durch kaltschnäuzige, skrupellose und gewalttätige weibliche Killer- und Monsterfiguren.

Das „Girlie" gibt sich feminin, hat immer Spaß und will mit „Emanzen" nichts zu tun haben (vgl. Jetzt 34/94, S. 6). Das „Tank-Girl", eine von zwei Briten für das Comic-Heft „Deadline" erfundene Gestalt, „trägt zu Minirock und Leder-Mieder Kampfstiefel, mit denen sie besonders gerne in Männerhoden tritt. Bombend, schlägernd und metzelnd bewegt sich Tank-Girl nach einer no future-Endzeit-Katastrophe mit ihrem Panzer durch die Welt. Ein typischer Beginn einer Tank-Girl-Serie lautet: ‚Starten wir mit 'nem bißchen Gewalt! Mit einer versoffenen Barbecue-Orgie voll Blut und Gedärm.'" (Emma Juli/August 1995, S. 78) Medien wie Prince, Bravo, Allegra und Cosmopolitan zeigten sich begeistert von dieser Comic-Serie, in der „aufmüpfige Mädels die Heldinnen" sind (ebd.). Emma urteilte da ganz anders: „Tank-Girl lebt in einer asozialen Welt, in der allein die Waffen sprechen, sie ist eine faschistoide Killermaschine." Die Computergestalt Lara Croft ist eine Mischung aus Barbiepuppe und Arnold Schwarzenegger.

Nur Xena, die Retterin bedrohter Völker, macht durch ihre Freundschaft mit Gabrielle, einer jungen Frau, die ihr zur Seite steht, eine Ausnahme. Doch insgesamt sind diese medial produzierten Weiblichkeitsbilder eher anti-emanzipatorisch. Auch die erfolgreiche Karrierefrau, die problemlos Mutterschaft und Beruf verbindet, wird medial in zunehmendem Maß als Normalität präsentiert, doch, so Kuhlmann: „Diese medial konstruierten Bilder entsprechen nicht der empirischen Realität von Mädchen und Frauen, die sich in den letzten Jahren nicht in der Weise verändert hat, wie uns vermittelt wird." (Kuhlmann 2001, S. 236)

Die neuen Mädchenbilder stehen in auffallendem Kontrast zur Forschung Anfang der 90er Jahre, die bekanntlich deutliche Entwicklungsbrüche bei Mädchen im Lauf der Pubertät herausgearbeitet hat (Hurrelmann 1990, Brown/Gilligan 1994, Flaake 1991, Flaake/King 1995), die im Kontext der Wahrnehmung der gültigen Geschlechterhierarchie und der Orientierung an Weiblichkeitsvorstellungen von Jungen gesehen werden.

In der SchülerInnen-Befragung an einer Münchner Realschule spiegelten sich z.B. die sozial geprägten Erwartungen und Vorstellungen hinsichtlich von Weiblichkeit bei den Jungen in sehr traditioneller Weise wider (vgl. Heiliger 2000b). Auf die Frage: „Wie wünschst du dir ein Mädchen?" zeigte die absolute Mehrheit der

Jungen (88,9 %) eine unverändert primäre Orientierung am Aussehen des Mädchens (hübsch), gefolgt von der Anforderung nach freundlicher Zuwendung (nett: 84,5 %) und an dritter Stelle von „Treue" (77,3 %). Diese drei Wünsche der Jungen sind unzweifelhaft Ausdruck anhaltender traditioneller Vorstellungen von Weiblichkeit, mit denen Mädchen in ihren Entwicklungsfortschritten zurückgeworfen werden, wenn sie in der Pubertät die Anerkennung über Jungen suchen. Insbesondere die Norm des Nettseins, beobachteten Brown und Gilligan (1994) in ihrer Studie, untergräbt die Autonomie der Mädchen und erschwert ihnen die Beibehaltung von Eigenständigkeit und Selbstbestimmung.

Die Forschungsergebnisse zur Pubertät waren in den 90er Jahren ein herber Rückschlag für die euphorischen Hoffnungen, auf dem Weg der Gleichberechtigung die entscheidenden Etappen bereits überwunden zu haben. Die Mädchenpolitik war daher gefordert, Maßnahmen zu ergreifen, um dieses Sich-Einpendeln auf geschlechtshierarchische Rollenbilder gezielter zu verhindern. Doch zeigten Analysen, daß Mädchenförderung allein hier nur bedingt Wirkung zeigen konnte und ein verstärktes Augenmerk auf die Veränderung des männlichen Rollenbildes gerichtet werden mußte (vgl. Heiliger 1991, Heiliger/Engelfried 1995, Heiliger 2000a, 2000b).

Die Diskussionen und Ansätze einer Jungenarbeit, die sich mit Defiziten bei Jungen, veränderten Anforderungen an die männliche Rolle und neuen Ausrichtungen der männlichen Identität/ männlichen Sozialisation auseinandersetzen (vgl. Ottemeier-Glücks 1988, Schnack/Neutzling 1990 u.a.), hatten zwar bereits begonnen, sind aber bis heute noch in den Anfängen (vgl. Sturzenhecker 2000, s.u.). Abgesehen von z.T. gravierenden Unterschieden zwischen den Konzepten für die Jungenarbeit, die bis zu gegensätzlichen Zielen gehen (vgl. Bieringer u.a. 2000, Forster 2002, s. u.), sind erhebliche Wirkungen aus dieser Arbeit hinsichtlich spürbarer Veränderungen im Geschlechterverhältnis in absehbarer Zeit nicht zu erwarten. Die Erwartungen dürfen sich auch nicht allein auf die Jungenarbeit richten, sondern es ist in allen gesellschaftlichen Bereichen notwendig, an einer neuen männlichen Identität zu arbeiten. Diese läßt Mädchen ihren gleichberechtigten Raum, veranlaßt sie nicht zur Selbstzurücknahme und

Selbstentwertung und entzieht Dominanzdenken und -handeln den Boden, statt beides nun auch auf Mädchen und Frauen zu übertragen, Macht und Dominanz als erstrebenswertes Ideal auch für die weibliche Identität zu deklarieren.

Solange sich diese neue männliche Identität noch nicht durchgesetzt hat, bleibt die Notwendigkeit, die weibliche Sozialisation stärkend zu begleiten und gesellschaftliche Erwartungen aus dem emanzipatorischen Weiblichkeitsbild mit der sozialen Realität abzugleichen. Weiterhin müssen gezielte Maßnahmen ergriffen werden, um Mädchen bei der Entwicklung und Beibehaltung einer selbstbestimmten weiblichen Identität zu fördern, die sich weder an traditionellen Weiblichkeitsvorstellungen noch an modernisierten, medial vermittelten Bildern orientiert, die sie neuen Erwartungszwängen unterwerfen und wiederum an fremdbestimmten Bildern messen.

Erfahrungen von Mädchen und jungen Frauen
mit Gewalt und Diskriminierung
aufgrund ihres Geschlechts

Der Alltag von Mädchen und Frauen ist nahezu unverändert durch ein hohes Maß an Entwertung, Diskriminierung und Übergriffen, für viele zusätzlich durch massive Gewalt und sexuellen Mißbrauch geprägt. Das sog. Gewaltschutzgesetz im Rahmen des „Aktionsplans der Bundesregierung zur Bekämpfung von Gewalt gegen Frauen" ist eine politische Reaktion auf die „häusliche" Gewalt, deren Dimensionen in den 90er Jahren als schwerwiegendes gesellschaftliches Problem zur Kenntnis genommen wurden. Obwohl das Thema also nicht mehr tabuisiert ist, wird es in der Praxis von Institutionen dennoch weitgehend ausgeblendet, werden gerade die frühen Erscheinungsformen von Frauenverachtung, Dominanzverhalten und Übergriffen bei Jungen, von Unterwerfungsverhalten und Duldung bei Mädchen nicht ausreichend beachtet, um Ausübung und Duldung von Gewalt gegen Mädchen und Frauen rechtzeitig vorzubeugen. Daher ist es unerläßlich, die Erfahrungen der Mädchen mit Entwertung, Übergriffen und massiver Gewalt zu thematisieren und in allen institutionellen Bereichen in bezug auf notwendige Handlungsfolgen zur Prävention von Täterschaft und Opferstrukturen zu reflektieren.

Mädchenspezifische Angebote
als Reaktion auf Gewalt und Diskriminierung

Die (Wieder-)Einführung geschlechtshomogener Angebote und die Schaffung mädcheneigener Räume/Projekte ist eine Reaktion auf die Erkenntnis und Erfahrung von Dominanzverhalten von Jungen und daraus folgender Beeinträchtigung und Benachteiligung der Mädchen in bezug auf ihre Entfaltungsmöglichkeiten. Dieses Verhalten, Folge der Übernahme patriarchaler Männlichkeitsbilder seitens der Jungen, weist Mädchen eine untergeordnete Stellung zu, behindert sie in ihrer selbstbestimmten Entwicklung und unterwirft sie fremdbestimmten Wertmaßstäben. Diese Sozialisation führt dazu, sich anzupassen und Fremdbestimmung und Einschränkung zu dulden, am Ende sogar dazu, sich mit der Einschränkung zu identifizieren und sie als scheinbare „Normalität" zu akzeptieren.

Die Verhaltensweisen von Jungen, die der Herstellung ihrer Dominanz dienen, reichen von Funktionalisierung über Abwertung, Beleidigung, Belästigung, Bedrohung bis hin zu sexuell motivierten Übergriffen und massiver Gewalt (vgl. Heiliger 1995, 2000). Im mädchenspezifischen Raum finden Mädchen Schutz vor diesen Verhaltensweisen und einen Freiraum zur Entwicklung ihrer eigenen Interessen, Fähigkeiten und Identität (vgl. Heiliger 1993). Unbedingt notwendig ist dieses Angebot für Mädchen, die durch Gewalt in der Familie bzw. im sozialen Nahraum bereits traumatisiert und vor Retraumatisierungen zu schützen sind. Für Migrantinnen ist es oft die einzige Chance, der strengen elterlichen Kontrolle zu entkommen (vgl. Kap. 10).

Gewalterfahrungen und Traumatisierungen werden selbst im engeren Jugendhilfebereich, z.b. den erzieherischen Hilfen, noch immer zuwenig wahrgenommen und konzeptionell berücksichtigt. Die vergleichsweise wenigen Zufluchtsstellen und Mädchenheime werden dem Bedarf insgesamt nicht gerecht. Die Mehrzahl der Angebote ist noch immer koedukativ, ohne daß die Gefahr der Retraumatisierung angemessen reflektiert wird. Noch weniger Beachtung erhalten Gewalterfahrungen von Mädchen, die in einer engen Gewaltdefinition nicht aufgehen, sondern Ausdruck alltäglich repräsentierter und tradierter Geschlechterhierarchie sind und daher unter Aneignung der entsprechenden Geschlechtsrolle seitens der Jungen verbucht werden. Hierunter fallen sexistische Beschimpfungen, sexuell motivierte Beleidigungen, Herabsetzungen und Übergriffe, die bis zu sexueller Nötigung gehen und dennoch von Bezugspersonen und Betreuerinnen als „Annäherung zwischen den Geschlechtern" positiv interpretiert und geduldet werden.

Die meisten Mädchen, die solchen Attacken ausgesetzt sind, holen sich keine Hilfe bei BetreuerInnen, weil ihnen die Akzeptanz des Jungenverhaltens vermittelt wird. Der Bericht des Giesinger Mädchentreffs in München über ein Gewaltforum für Mädchen im Rahmen der „Kampagne gegen Männergewalt an Frauen und

Mädchen sowie Jungen" illustriert die Erfahrungen von Mädchen folgendermaßen: „Die Mädchen erlebten in unseren Einheiten oft zum ersten Mal, daß sie mit ihren Problemen ernstgenommen wurden. Vor allem in den Schulen ist das Thema Gewalt ständig an der Tagesordnung. Es war kein Mädchen in der Gruppe, das nicht jedesmal neue, empörende Gewalterfahrungen auf dem Schulhof oder sogar im Klassenzimmer mit den männlichen Mitschülern erlebte. Und am frustrierendsten war für die Betroffenen immer wieder die Erfahrung: ‚Niemand findet es schlimm, wenn ich geschlagen oder geärgert werde!' Sie wendeten sich aus Resignation oft schon gar nicht mehr an die Lehrkräfte, da diese sie fast ausschließlich wegschickten mit Worten wie ‚du wirst schon selbst schuld dran sein, wenn du geärgert/geschlagen wirst' oder ‚das ist doch gar nicht so schlimm.'" (Giesinger Mädchentreff 1998, S. 8; vgl. Heiliger 2000b)

Aus diesen Erfahrungen der Mädchen wird deutlich, daß die Fähigkeit und die Bereitschaft zu Intervention, Sanktion und Grenzensetzen bei den BetreuerInnen Sensibilität und ein Bewußtsein dafür voraussetzt, daß es sich bei Verhaltensweisen der Jungen nicht um tolerable Übergriffe, sondern um Verletzungen der körperlichen und psychischen Integrität des Mädchens handelt. Dieses Bewußtsein fehlt in den Bereichen Jugendhilfe und Jugendarbeit ebenso wie in Kinderbetreuung, Schule und Ausbildung noch weit(est)gehend.

Normierte und widersprüchliche Erwartungen und Normen machen Mädchen krank

Allein die Wirkung normierter Weiblichkeitsbilder und Schönheitsnormen, die Mädchen vor allem durch Medien und Jungen als erstrebenswert vermittelt werden – vorzugsweise „das schlanke Mädchen" – führt bei vielen Mädchen zu Anstrengungen, ihren Körper nach diesem Ideal zu manipulieren und sich damit selbst zu schädigen – zu hungern, Diäten durchzuführen mit Folgen wie Magersucht und Bulimie (vgl. Wallner 95, Preiß/Schwarz/Wilser 1996). Andere Mädchen reagieren insbesondere im Verlauf der Pubertät auf die Bilder und Zumutungen mit Depressionen und anderen selbstdestruktiven psychosomatischen Symptomen (vgl. Hurrelmann 1990).

Die vermittelten Schönheits- und Weiblichkeitsnormen sind mit Botschaften über die Verfügbarkeit des weiblichen Körpers, seine Sexualisierung und Pornografisierung verbunden. Der Mädchen-Gesundheitsladen in Stuttgart, der ein entsprechendes Angebot für Mädchen entwickelt hat, beschreibt die Zusammenhänge: „Tabuisierung des weiblichen Körpers mit seinen geschlechtlichen Funktionen bei gleichzeitiger Vermarktung durch Werbung sowie Sexismus, sexuelle Gewalterfahrungen, enge weibliche Schönheitsnormen usw. Mädchenspezifische Gesundheitsstörungen, wie Eßstörungen, Menstruationsbeschwerden und Medikamentenmißbrauch, müssen im Kontext betrachtet werden und bedürfen deshalb einer geschlechtsdifferenzierten Antwort mit entsprechenden Angeboten auch und gerade im präventiven Bereich" (Preiß/Wilser 1995, S. 10).

Magersucht ist inzwischen die dritthäufigste Erkrankung der 15- bis 24-jährigen Mädchen/jungen Frauen (vgl. Brockfeld/Theiss 1995, S. 12): „Knapp zwei Drittel aller weiblichen Jugendlichen bis zum 18. Lebensjahr haben nach Angaben der Ärztekammer Niedersachsen mindestens einmal eine Diät zur Gewichtsreduzierung gemacht. Nach diesen Angaben leiden allein in Deutschland mindestens 220.000 Menschen im Alter von 15 bis 24 Jahren an Magersucht (Anorexie) oder Eß-Brechsucht (Bulimie). Das Deutsche Institut für Ernährungsmedizin und Diätetik (DIET) in Aachen gibt an, daß in Deutschland etwa 3,7 Millionen Menschen unter gefährlichem Untergewicht leiden." (www.magersucht-online.de/presse/presseinformationen) Dieses Ergebnis wirft einen dramatischen Blick auf die Lebensbedingungen junger Frauen heute, jenseits der Bilder von Stärke und der Modernisierungstheorien.

Brockfeld/Theiss (1995) vom Projekt Gewitterziegen e.V. in Bremen sehen Eßstörungen als Reaktion auf die widersprüchlichen Anforderungen, die an Mädchen zwischen traditionellen Ansprüchen nach Selbstzurücknahme und Fürsorge einerseits, „modernen" Forderungen wie „Durchsetzungsvermögen, Unabhängigkeit, Leistung und Ellenbogenverhalten" andererseits gestellt werden (ebd., S. 13): „Wenn Mädchen den unmöglichen Versuch unternehmen, all diesen widersprüchlichen Erwartungen gerecht zu werden, verlieren sie eigene Bedürfnisse schließlich ganz aus den Augen. Angesichts dieses unerträglichen Dilemmas bietet die Eßstörung einen Schutzraum vor Anforderungen, eine Krücke im Alltag und einen Puffer vor bedrohlichen Gefühlen. Aber der Preis dafür ist hoch: Selbstzerstörung und Isolation." (ebd.)[8]

Gewalterfahrungen in Familie und sozialem Nahraum

In Fachkreisen wird geschätzt, daß jedes vierte Mädchen innerhalb der Familie/des sozialen Nahraums von Familienangehörigen oder/und Bekannten sexuell mißbraucht wird (vgl. Baurmann 1983, Kavemann/Lohstöter 1984, Bange 1992, Brockhaus/Kolshorn 1993, Heiliger/Engelfried 1995, Ohl 1997, Steinhage 1997, DJI 2002, Bange/Körner 2002). Diese Annahme konnte bisher weder bewiesen noch entkräftet werden, da eine repräsentative Untersuchung zu diesem Themenbereich noch fehlt. Als sicher kann gelten, daß die Dunkelziffer innerhalb der Familie am höchsten ist. Kaum thematisiert wurde bisher in diesem Kontext übrigens der sexuelle Mißbrauch durch Brüder oder Freunde der Brüder/Gleichaltrige.

Insgesamt liegt mittlerweile zwar eine Fülle von Literatur über das Problem des sexuellen Mißbrauchs in der Kindheit vor, jedoch mangelt es an Untersuchungen über das Ausmaß. Von den Beratungs- und Zufluchtsstellen sowie Selbsthilfegruppen ist bekannt, daß dort betreute Mädchen selten Anzeige erstatten, so daß die Täter unbehelligt bleiben (vgl. Heiliger 2000). Auch bei denjenigen, die sich hilfesuchend an eine Institution wenden – in der Regel erst während der Pubertät –, ist zu vermuten, daß sie nur einen geringen Teil der Betroffenen ausmachen. Viele Institutionen reagieren noch immer verunsichert und abwehrend auf die Vermutung oder Entdeckung sexuellen Mißbrauchs und zweifeln die Glaubwürdigkeit des Kindes an, wenn es sich MitarbeiterInnen

8 Zu diesen Problemen arbeiten auch eine Reihe anderer Projekte in der BRD, z.B. Tabera in Kassel, das Frauen- und Mädchen-Gesundheitszentrum in Freiburg, Kaial in Hamburg, Belladonna in Essen, Frauen helfen Frauen e.V. in Aachen, vgl. Darstellung in *betrifft Mädchen* 1/95.

anvertraut (vgl. Roth 1997, Heiliger 2000a). Typische Drohungen und Schweigegebote der Täter sorgen darüber hinaus in aller Regel dafür, daß die Mehrzahl der Opfer schweigt. Daher konnte das Hellfeld bisher kaum vergrößert werden, es bleibt bei ca. 17000 Anzeigen pro Jahr, was auf den Tag umgerechnet 46 Strafanzeigen bedeutet.

Das Problem ist so gravierend, daß es zwar mittlerweile viel Literatur und Fortbildungen hierzu gibt, auf den Ebenen der Intervention und Prävention aber bestehen noch große Mängel. Die strafrechtliche Verfolgung der Täter bleibt nach wie vor nahezu aussichtslos, weil die Chance der Verurteilung extrem gering ist, und im Umgang mit dem Opfer weist das Strafsystem noch erhebliche Lücken auf (vgl. Fastie 1994, Kirchhoff 1994, Fastie 2002).

Auch die gesellschaftliche Konfrontation mit den Ursachen sexuellen Mißbrauchs in der Kindheit innerhalb der Familie läßt bisher noch sehr zu wünschen übrig. Die familialen Strukturen, die sexuellen Mißbrauch hervorbringen, werden in ihren problematischen Aspekten nicht ausreichend wahrgenommen, und eine kritische Auseinandersetzung mit Männlichkeit und männlicher Sexualität steckt noch gänzlich in den Kinderschuhen (vgl. Heiliger/Engelfried 1995, Heiliger 2000a). Die Gleichberechtigungspolitik arbeitet zwar an der Veränderung der Geschlechtsrollen, blieb aber in bezug auf die angemessene Beteiligung von Männern an der Reproduktionsarbeit bisher so gut wie erfolglos.

Ein Abbau sexueller Gewalt in der Kindheit scheint bisher nicht in Sicht, der Ausbau der Hilfsprojekte für die Opfer mehr denn je dringend notwendig, ebenso wie konsequente Arbeit gegen die Ursachen des Delikts in der Geschlechter- und Generationenhierarchie.

Viele Mädchen erdulden noch zusätzliche Formen von Gewalt im familialen Rahmen. Dem Bericht der wissenschaftlichen Begleitung der Zufluchtsstelle für Mädchen in Not- und Krisensituationen in München ist zu entnehmen, daß viele der dort aufgenommenen Mädchen sich geschlechtsspezifische Beschimpfungen anhören müssen wie „Hure, Nutte, Schlampe, Prostituierte, Bettmacherin, Drecksau" u.ä. (Keller/Mager 1993, S. 125). Sehr viele (77 %) erleben massive körperliche Angriffe: „Die Mädchen wurden mit Händen, Fäusten, Rohrstöcken, Gürteln, Hundeleinen, Kabeln und anderem geschlagen und mit Füßen getreten. Sie wurden ins Gesicht, auf den Kopf und am ganzen Körper geschlagen. Immer wieder gab es das geschlechtsspezifische und damit in den sexuellen Mißbrauch übergehende Schlagen auf Brust, Po und die Geschlechtsorgane. Verbunden war dies in manchen Fällen mit dem Zwang zur völligen Entkleidung oder zur Teilentkleidung." (ebd.) 71 % der Mädchen waren von psychischer Gewalt und Bedrohung in mehrfacher Form betroffen: „Ganz offensichtlich wurden Verbote, Kontrollen, Einsperren und die entsprechende Isolation der Mädchen von der Familie als Mittel eingesetzt, um jeden Versuch eigenständiger Schritte zu verhindern und/oder sie zu bestrafen." (ebd., S. 124) Sehr häufig wurde den Mädchen Hausarbeit und dabei auch die gesamte Haushaltsarbeit und -organisation aufgezwungen. Sie mußten die Versorgung der jüngeren Geschwister übernehmen und vor allem die männlichen Familienangehörigen bedienen (vgl. *nicht mit uns*, Nr. 2, 1996).

Duldung von Gewalt gegen erwachsene Frauen im häuslichen Bereich wird in einer Sozialisation zur Verfügbarkeit als normal vermittelt. Die Thematisierung und Bearbeitung von Gewalterfahrungen von Mädchen sowie die Bereitstellung von Frei- und Schutzräumen ist daher ein Gebot der Gewaltprävention, die sich nicht in einem Selbstverteidigungskurs erschöpfen darf.

Gewalt und Diskriminierung im Bereich von Jugendarbeit und Schule

Nach wie vor wird auch aus der koedukativen Jugendarbeit von zum Teil drastischen Diskriminierungen von Mädchen durch Jungen berichtet. Es scheint daher noch keineswegs überholt zu sein, wie Marja Evens vom Hamburger Mädchenprojekt „Dolle Deerns" ihre Erfahrungen mit Jugendzentren beschreibt:

„Der Eingangsbereich, ein meist dunkler Raum mit Tresen, mehr oder weniger angeschmuddelt und beschädigt, hat oft einen Laufstegcharakter. Um in die anderen Räume zu kommen, müssen die Mädchen erst einmal an den Jungen vorbei und werden dabei von diesen abgeschätzt, begutachtet, angemacht. Die Mädchen kriegen Sätze zu hören wie:

Eh, geile Torte!
Eh, guck mal, ein Brett mit Warzen!
Wie sieht denn die Alte aus. Da kann einem ja schlecht werden!
Hier gibt's erst mal 'ne Leibesvisitation, bevor du reinkommst!
Kein Arsch und keine Titten. Die Alte kannst vergessen!
Die Alte sieht so ätzend aus, da gibt's nur eins: Deutsche Fahne über'n Kopf, und dann tu ich's für's Vaterland!" (Evens 1993, S. 49)

Die alltägliche Situation kann auch mit den Erfahrungen zweier Pädagoginnen (Rose/Stibane 1995) deutlich gemacht werden. Sie wollten durch den Bau eines Baumhauses im öffentlichen Raum einen Platz ausschließlich für Mädchen schaffen, was durch Jungen massiv konterkariert wurde: „Einige ältere Jungen zogen die Mädchen... auf. Kommentierten ihr Tun mit Sprüchen wie: ‚das hält ja eh nicht‘ oder ‚das könnt ihr ja doch nicht‘." Sie griffen aber auch zu härteren sexistischen Verhaltensweisen. Neben den verbalen Beleidigungen kam es auch zu direkten Übergriffen. So wurden die Mädchen mit Eicheln beworfen, Werkzeug und Material wurde ihnen weggenommen. Es kam auch zu Zerstörungen: Die Leiter ins Baumhaus wurde zerstört und Bretter wurden herausgerissen. „Mädchenprojekte im öffentlichen Raum", schlußfolgern die beiden Pädagoginnen, „sind für Jungen, zumindest einige von ihnen, offensichtlich nur schwer hinzunehmen. Sie wehren sich gegen die erfahrene eigene Zurücksetzung. Der Widerstand gegen die Neuordnung der Verhältnisse im öffentlichen Raum wird für sie fast zu einer ‚Überlebensfrage‘." (ebd., S. 10)

Aus dem schulischen Bereich wurde Gewalt von Jungen gegen Mädchen bereits in den 80er und fortgesetzt in den 90er Jahren relativ ausführlich dokumentiert. Die Beobachtungen z.B. von Monika Barz (1984): „Mädchen werden geboxt, getreten, ins Jungenklo gezerrt, unter den Rock gefaßt, auf den Boden geworfen und Küsse aufgezwungen. Sie gehen mit blauen Flecken nach Hause und wagen es kaum, sich den Jungen zu widersetzen" (ebd., S. 64) wurden Anfang der 90er Jahre in einer Berliner Befragung von Barbara Kavemann bestätigt, ebenso wie in aktuellen Beiträgen zu dieser Thematik (vgl. Kavemann 1992, Homann 1992, Heiliger 2000b, Heiliger 2002, Roth 2002).

Der Beobachtung der Sozialpädagogin Frauke Homann in einer Berliner Schule kommt systematischer Charakter zu: „Mädchen werden an unserer Schule von Jungen weniger geschlagen als sexuell belästigt, lächerlich gemacht oder herabgewürdigt. ‚Du alte Nutte' ist ein gängiges Schimpfwort. ‚Laß mich deine Fotze lecken', steht mit einem Mädchennamen versehen an einer Flurwand... eine Schülerin, die ich wegen sexuellen Mißbrauchs betreue, hat den gleichen Namen. Sie weigert sich, an dieser Wand vorbeizugehen." (Homann 1992, S. 64)

Auch seitens der Lehrer sind Mädchen bekanntlich nicht selten Diskriminierungen bis hin zu sexuellen Übergriffen ausgesetzt. Eine Münchner Schülerin berichtete von der Aussage eines Chemielehrers: „Vergewaltigung ist das Natürlichste auf der ganzen Welt, auch wenn die Frau damit nicht einverstanden ist, muß sie es über sich ergehen lassen. Die sollen sich nicht so anstellen."[9] In Interviews mit Schülerinnen einer Kreuzberger Oberschule erfuhr Barbara Kavemann: „Wir werden begrabscht und blöd angemacht, denn die Jungen kommen sich stärker vor und denken, ‚das Mädchen kann ja gar nichts dagegen machen, wenn sie begrabscht wird' und sie sagen, ‚dir gefällt das ja auch'." (Kavemann 1992, S. 24).

Die Studie von Klein/Palzkill (1998) über Gewalt gegen Mädchen und Frauen im Sport, weist u.a. auf erhebliche Gewalterfahrungen von Mädchen im Schulsport hin (vgl. Ministerium NRW 1998). Anhand von Interviews mit Mädchen und Lehrerinnen unterscheiden die AutorInnen drei Ebenen von Gewalt gegen Mädchen und Frauen im Schulsport: direkte Gewalt von Schülern gegen Schülerinnen, sexistische Übergriffe und sexuelle Gewalt von Sportlehrern an Schülerinnen und Gewalt gegen Sportlehrerinnen. Direkte Gewalt von Schülern gegen Schülerinnen reicht von „verbaler Anmache, sexistischen Sprüchen, Anrempeln und Anstoßen, über gezielt harte Würfe und Schüsse auf den Körper von Mädchen bei Ballspielen, Treten und Schlagen, den Versuch, Mädchen gezielt zwischen die Beine oder an die Brust zu fassen, das Aufreißen der Türen und das Hineinstürmen in Umkleidekabinen, das Zerren von Mädchen in Jungen-Umkleidekabinen bis

9 Die Aussage der Schülerin liegt auf einer Karte vor.

hin zur sexuellen Nötigung. Die von uns interviewten Mädchen benannten vor allen Dingen und in erster Linie Gewalt verbaler und psychischer Art. Die verbale Gewalt richtet sich dabei vor allem auf die Körperlichkeit von Mädchen, auf ihre Leistungsfähigkeit, ihre Geschlechtlichkeit und deren Verknüpfungen. Sie hat die Funktion, Mädchen in ihrer motorischen Leistungsfähigkeit und ihrer Körperlichkeit abzuwerten und männliche Überlegenheit und Dominanz herzustellen und zu demonstrieren." (Palzkill/Klein 1998a, S. 8f) Erfahren die Mädchen in entsprechenden Situationen keine Unterstützung, die sie bestärkt, sich erfolgreich zu wehren, dann lernen sie, Übergriffe als normal zu begreifen und aus ihrer Wahrnehmung zu verdrängen (vgl. ebd.).

Solche Erfahrungen bestätigen sich, sobald das Erleben der Mädchen thematisiert wird und sie damit ernstgenommen werden. So gaben z.B. in der SchülerInnenbefragung an einer Münchner Realschule im Rahmen der Münchner Kampagne 12- bis 16-jährige Mädchen zu 2/3 an, „Hure, Nutte, Schlampe" genannt worden zu sein. Fast die Hälfte von ihnen nervte, daß ihnen hinterhergepfiffen wurde, und 45 %, daß sie sich blöde Sprüche von Jungen anhören müssen; 40 % wurden beleidigt, 34 % hörten sexistische Witze, 35 % anzügliche Bemerkungen über ihren Körper, 8,5 % wurden zu sexuellen Handlungen genötigt (13 von 153) und 3,9 % vergewaltigt (6 von 153). Auf die Frage, was sie empfanden, wenn sie beleidigt und diskriminiert wurden, gaben 45 % an, Wut, und 47 %, Haß empfunden zu haben.

Die Aufforderung an die Schülerinnen einer anderen Realschule, Erfahrungen zum Thema Männergewalt gegen Frauen aufzuschreiben, brachte auch hier das ganze Spektrum an konkreten Erlebnissen: vom Klassentyrann, der Mädchen als „fette Sau" oder „fette Kartoffel" beschimpfte, zum Freund, der ein Besäufnis nutzte, um seine Freundin zu vergewaltigen („indem ich (die Augen) aufmachte, sah ich nur, daß ich unten nackt war, und mein Freund lag auf mir und fragte wie ein Psychoschwein, ob er reinspritzen solle, dann weiß ich nur, daß ich geschrien habe..."), zum Onkel, der das Mädchen zu vergewaltigen versuchte, dem Stiefvater, der die Stieftochter sexuell belästigte, und dem Vater, der „mir, meiner Schwester und meiner Mutter das Leben zur Hölle gemacht hat" (Heiliger 2000b). In einer Diskussion an einer Münchner Berufsoberschule wurden die SchülerInnen aufgefordert aufzuschreiben, was sie im Umgang miteinander als Gewalt erleben.[10] Die Aussagen der jungen Frauen enthielten das gleiche Spektrum, wie es auch in der Realschule sichtbar geworden war: Mehr als die Hälfte der jungen Frauen gab als Hauptproblem an, sexuell belästigt zu werden (anfassen, grabschen, bedrängen, anstarren, Aufdringlichkeit, anzügliche Bemerkungen), gefolgt von Beleidigungen und Bedrohungen.

In der RealschülerInnen-Befragung wurden die Mädchen gefragt, was ihnen hätte helfen können; die Antwort lautete: „Wenn jemand eingreift." Die Jungen wurden gefragt: „Wie kann deiner Meinung nach Gewalt von Jungen und Männern gegen Mädchen und Frauen in der Gesellschaft verschwinden?" Die Jungen antworteten in der Mehrzahl: „Jungen Grenzen setzen." (vgl. Heiliger 2000b) In diesen Handlungsaufforderungen von Mädchen und Jungen, die sich an Erwachsene richten und von ihnen erwarten, Unterstützung und Orientierung zu bekommen, scheint die Lösung des Problems offen zu liegen: Beendigung der Duldung von Gewalt gegen Mädchen und Frauen durch klare Grenzsetzung und Intervention Erwachsener.

Solches Verhalten setzt allerdings die Wahrnehmung der geschlechtsspezifischen Situation und der gewaltfördernden Strukturen voraus, worauf das Konzept des Gendermainstreaming abzielt.

10 Im Rahmen eines Aktionstages zum internationalen Frauentag 2002.

Die Bedeutung mädchenspezifischer Ansätze in der Jugendhilfe

Das verbreitete, gesellschaftlich-medial vermittelte Bild, Gleichberechtigung zwischen den Geschlechtern sei mittlerweile erreicht, und die politische Richtlinie des Gendermainstreaming, die ohnehin alle Institutionen verpflichtet, geschlechtsspezifisch wahrzunehmen und entsprechend zu handeln, suggerieren, mädchenspezifische Ansätze seien nicht mehr notwendig. In der Reflexion über die gesellschaftliche Situation von Mädchen und Frauen wird jedoch deutlich, daß Gleichberechtigung noch nicht erreicht ist und weiterhin erheblicher Handlungsbedarf besteht, Mädchen in der Aneignung einer selbstbestimmten, unbeschädigten weiblichen Identität und der Entwicklung einer eigenständigen Lebensperspektive zu unterstützen und zu begleiten. Doch wie verbreitet ist mädchenspezifische Arbeit überhaupt, wo liegt ihre spezifische Bedeutung und Wirkung, und welche Einschätzungen ergeben sich aus der Praxis der Jugendhilfe und Jugendarbeit?

Zur Verbreitung mädchenspezifischer Ansätze

Mädchenspezifische Arbeit hat sich bisher keineswegs flächendeckend durchgesetzt, die Widerstände gegen eine Wahrnehmung geschlechtsspezifischer Benachteiligung sind immer noch enorm groß. Selbst in der offenen Jugendarbeit, in der Frauen vielerorts mädchenspezifische Angebote quasi als Standard erreicht haben, sind Widerstände männlicher Kollegen sowie von Jungen – aber auch von Frauen – noch in so hohem Maß alltäglich, daß von Gleichberechtigung als grundlegender Veränderung weiblicher und männlicher Geschlechtsrollen und grundsätzlicher Respektierung und Förderung weiblicher Lebensweisen auf breiter gesellschaftlicher Ebene nicht ausgegangen werden kann.

Claudia Wallner stellt für die Jugendhilfe fest: „Zwar hat sich in den vergangenen Jahren auf der Theorie- und Praxisebene von Mädchenarbeit vieles entwickelt, und die Pädagogik verfügt heute über unterschiedlichste geschlechtsspezifische Angebote und

Einrichtungen für Mädchen und junge Frauen, doch sind diese in den seltensten Fällen originärer Bestandteil kommunaler Jugendhilfe. Vielmehr sind die meisten Projekte und Maßnahmen für Mädchen heute nicht als Jugendhilfe-Einrichtungen anerkannt und verfügen dementsprechend nicht über einen kommunalen Haushaltstitel oder die Anerkennung als Regeleinrichtung der Jugendhilfe. ... Mädchen und junge Frauen (gehören) immer noch nicht zur originären Zielgruppe von Jugendhilfe, sondern werden zu einer besonders belasteten ,Spezialgruppe' degradiert und vorzugsweise im Kanon mit anderen ,Problemgruppen' wie ausländische Kinder und Jugendliche oder Straffällige betrachtet und bedient." (Wallner 1997, S. 11; vgl. auch Bitzan/Daigler 2001)

In vielen Verbänden ist Mädchenarbeit im Verhältnis zum gesamten Spektrum ihrer Angebote und zu den eingesetzten Ressourcen randständig geblieben (vgl. Funk/Möller in: Böhnisch u.a. 1995, S. 124). So scheint der Mädchenarbeit oft eher eine Alibifunktion zuzukommen, als daß sie Ausdruck einer Bewußtseinsänderung hinsichtlich der Tatsache der Geschlechterhierarchie wäre. Letzteres würde zwangsläufig zur Folge haben, daß Mädchen und Jungen in allen Feldern der Jugendhilfe und Jugendarbeit gleichermaßen Beachtung und Zuwendung erhielten und der Herausbildung geschlechtshierarchischer Strukturen konsequent entgegengearbeitet würde. Das Gegenteil ist im koedukativen Rahmen von Jugendarbeit und Jugendhilfe der Fall.

In Jugendzentren ist es nach wie vor alltäglich, daß Mädchen von Jungen abgewertet, dominiert und in untergeordnete Rollen abgedrängt werden (vgl. Kuhlmann 2000). Mädchenspezifische Angebote innerhalb koedukativer Einrichtungen werden von den Jungen nach wie vor kaum akzeptiert.

Die Zerstörung der Einrichtung eines Mädchenzimmers, die Abwertung von Mädchen, die ein mädchenspezifisches Angebot in Anspruch nehmen, die Störung von Mädchenveranstaltungen, rüder und sexistischer Umgangston gegenüber den Mädchen – angesichts des Eindrucks gesellschaftlichen Fortschritts in Sachen Gleichberechtigung scheinen solche Berichte und Beobachtungen aus längst vergangenen Zeiten der 70er und 80er Jahre zu stammen und sind doch alltägliche, anhaltende Realität in der Jugendarbeit (vgl. Heiliger 2000b). Die allmähliche Verbreitung geschlechtsbewußter Jungenarbeit hat hieran bisher noch nichts grundlegend ändern können.[11]

Z.B. wurde der Forderung, im öffentlichen Raum Platz für das Bewegungsbedürfnis von Mädchen durch eigene Spiel- und Sportplätze zu schaffen, bisher gar nicht oder nur sehr vereinzelt, etwa mit einem Mädchenspielplatz, Rechnung getragen. Der Widerstand scheint in anhaltenden traditionellen Geschlechtsrollenvorstellungen in den Verwaltungen oder bei den zuständigen Fachkräften begründet. So reagierte etwa in München ein (männliches) Mitglied eines Bezirksausschusses auf die Frage, ob es nicht möglich sei, einen der vorhandenen Sportplätze ausschließlich für Mädchen zu reservieren, mit der Bemerkung, es gebe ja noch nicht mal ausreichend Sportplätze für die Jungen.[12] Diese ganz selbstverständliche Äußerung verweist auf die ungebrochen feste Verankerung des Anspruchs von Jungen auf Zuwendung, Raum und Mittel. Es macht deutlich, daß bei den Behörden und Fachkräften noch erhebliche Bewußtseinsarbeit zu leisten ist.

Wie wenig sich insgesamt die Berücksichtigung mädchenspezifischer Interessen durchgesetzt hat, wird im folgenden am Beispiel der Eziehungshilfen, der Jugendberufshilfe sowie der Mädchenarbeit im Osten aufgezeigt.

Berücksichtigung von Mädcheninteressen

• **In der Erziehungshilfe**

Heute wird konstatiert, daß es zu der geforderten grundsätzlichen Umstrukturierung der Geschlechterverhältnisse und einer durchgängigen Umsetzung von Mädchenarbeit in der Jugendhilfe bisher nicht gekommen sei (vgl. Kriener/Hartwig 1997, Hartwig 2001, Weber 2001). Mitte der 90er Jahre bereits wurde das Fehlen einer fundierten fachlichen Umsetzung von Mädchenarbeit in der Erziehungshilfe beklagt und festgestellt, daß eine grundlegende Ausein-

---

11 Mehrere Gespräche mit Pädagoginnen aus der Mädchenarbeit haben diese Tatsache bestätigt.
12 Anläßlich einer Begehung des Münchner Westparks, um möglicherweise einen Mädchenspielplatz einzurichten.

andersetzung mit einer mädchenspezifischen Perspektive der Erziehungshilfe kaum stattgefunden habe (vgl. Retza 1994, Weber 2000).

Jugendhilfeeinrichtungen im engeren Sinn (z.B. stationäre Unterbringung als Maßnahme der Erziehungshilfe) haben bisher noch nicht einmal grundsätzlich die Notwendigkeit mädchenspezifischer Angebote bzw. Organisationsformen anerkannt. Die in diesem Rahmen untergebrachten Mädchen sind häufig durch Gewalterfahrungen innerhalb der Familie, in besonderem Maß durch männliche Angehörige, traumatisiert und stigmatisiert. Eine generelle geschlechtsbewußte Organisation, der Schutz der Mädchen vor der Fortsetzung übergriffigen Verhaltens durch Jungen in Wohnangeboten wäre selbstverständlich zu erwarten. Doch gibt es hierfür bisher wenig Einsicht (vgl. Hartwig/Kriener 1997, Hartwig 2001, Weber 2000).

Koedukation galt – und gilt z.T. immer noch – als fortschrittliche Errungenschaft. Sie sollte bei ihrer Einführung die Erziehungshilfe modernisieren, Konflikte unter den Jugendlichen in den Einrichtungen entschärfen und das soziale Klima verbessern, wobei Mädchen „durchaus auch instrumentalisiert" wurden (Weber 2000). Zwar war auch die Förderung von Chancengleichheit zwischen den Geschlechtern im Blick, die Überwindung der traditionellen Frauenrolle und die Förderung eines positiven Verhältnisses zwischen den Geschlechtern wesentliches Ziel (vgl. Hartwig 1991). Im Lauf der Praxis wurde aber – wie in der Schule auch – deutlich, daß die koedukative Betreuung nicht automatisch gleiche Beachtung und Chancen für Mädchen und Jungen bedeutet: „So wurde z.B. für die Jugendhilfe nachgewiesen, daß sie eher auf die lauten, ausagierenden Verhaltensweisen (von Jungen) reagiert als auf die tendenziell leiseren, oftmals autoaggressiven Signale und Hilferufe der Mädchen." (Weber 2000, S. 5) Mädchen mit Gewalterfahrungen werden nicht ausreichend berücksichtigt, in den Wohnangeboten wird ihnen Schutz verweigert, so daß sie auch hier Nachstellungen und Übergriffen durch Jungen und männliche Mitarbeiter und damit Retraumatisierungen ausgesetzt sind.

Koedukation in den Erziehungshilfen hat – so das Fazit – Gleichberechtigung nicht gefördert, sie ist eher geeignet, Geschlechterhierarchie mit jedem Tag neu zu reproduzieren: „Die anfänglichen

Hoffnungen und Erwartungen an die gemeinsame Erziehung von Mädchen und Jungen sind in der Praxis mittlerweile – vor allem im Wissen um die Benachteiligung von Mädchen – tendenziell einer breiten Hilflosigkeit und Skepsis gewichen. Angesichts der oftmals ausagierenden und raumgreifenden Verhaltensweisen der Jungen erscheint es ErzieherInnen nahezu – trotz guter Vorsätze – wie ein Kampf gegen Windmühlen, den Mädchen gleichermaßen Aufmerksamkeit zukommen zu lassen. Sie beobachten, daß die Verheißung auf Anerkennung durch das jeweils andere Geschlecht Mädchen in Selbstverleugnung und Anpassung zurückfallen läßt, während die Jungen ihre Männlichkeit durch Macho-Manieren unter Beweis stellen. Dabei setzen die Mädchen ihre Weiblichkeit vor allem für die Jungen in Szene; Jungen hingegen müssen stärker auch untereinander den ‚starken Max‘ markieren. So sind die ErzieherInnen im Alltag immer wieder ZeugInnen, aber auch Agierende in der stetigen Wiederherstellung von Dominanz und Unterordnung zwischen den Geschlechtern, in deren Rahmen es nahezu unmöglich erscheint, den Mädchen einen ausreichenden Frei- und Schutzraum zu gewähren und gleichzeitig den Jungen gerecht zu werden." (Weber 2000, S. 6)

Die Mitwirkung von Mädchen in der Erstellung des Hilfeplans nach § 36 KJHG wird noch als sehr unbefriedigend beurteilt, was auf mangelhafte Berücksichtigung der Beteiligungs- und Ausdrucksformen von Mädchen zurückgeführt wird (vgl. Petersen 1996). Vom Recht, eine Vertrauensperson in die Hilfeplanung einzubeziehen, sind die Mädchen oftmals gar nicht informiert (vgl. Fastie 2002b). Friesa Fastie sieht in der mangelhaften Rechtsinformation der Mädchen und jungen Frauen eine systematische Haltung und ein strukturelles Problem der Ämter, das durch Fortbildung einerseits, Kontrolle andererseits anzugehen ist: „...strukturelle Bedingungen in Ämtern und Behörden, aber auch im Rahmen von Jugendhilfemaßnahmen hindern... Mädchen und junge Frauen bis heute daran, aus Gewaltverhältnissen aussteigen zu können, in ihrem Selbstbewußtsein gestärkt zu werden und eine angemessene Unterstützung in Anspruch zu nehmen." (ebd.) Sie schlägt daher die Einrichtung externer Beschwerdestellen für Mädchen und Jungen vor, die sich in Maßnahmen der Jugendhilfe befinden.

In der Geschlechtsrollensozialisation gelerntes Rückzugsverhalten der Mädchen wird oft als fehlende Beteiligungsbereitschaft interpretiert und wirkt sich wiederum negativ auf die Bereitschaft der Jugendhilfe auf, ihnen Erziehungshilfe bereitzustellen. Innerfamilialer Gewalt im allgemeinen und der Gefährdung von Mädchen durch sexuellen Mißbrauch im besonderen wird in der Jugendhilfe zuwenig Aufmerksamkeit geschenkt, obwohl entsprechende Hintergründe bei 43,1 % der Anträge auf stationäre erzieherische Hilfen angeführt werden (vgl. JULE 1998).

Prostitution und Drogengebrauch als Folgen der Gewalterfahrungen werden in der Jugendhilfe ebenfalls wenig beachtet oder sogar verschwiegen – selbst in den Mädchenprojekten/Zufluchten gelten diese Faktoren als Ausschlußkriterien –, damit wird der hohe Hilfebedarf der Mädchen verkannt bzw. geleugnet (vgl. Hartwig 1990, Kluge 1999).

Durch die im KJHG gewährten hohen Beteiligungsrechte der Eltern und die Abhängigkeit der Mädchen von diesen werden die Interessen und Bedürfnisse von Mädchen insbesondere bei innerfamilialer Gewalt überdeckt (vgl. Hartwig 1998).

Fastie wirft MitarbeiterInnen in Jugendämtern Mangel an Empathie und Fachwissen über Gewalt gegen Mädchen und Frauen, ihre Ursachen und Folgen sowie angemessene Hilfemaßnahmen vor. Sie beklagt, daß die Forderung des 6. Jugendberichts, daß „die eigene Problemsicht des Mädchens und das Erkennen ihres Verhaltens als Selbstbehauptung und Gegenwehr zur Geltung kommen" (6. Jugendbericht, S. 296) sollen, zumeist nicht ausreichend beachtet wird (Fastie 2002b).

Nach wie vor hat sich die Jugendhilfe auch nicht gelöst von der Bewertung des Sexualverhaltens von Mädchen als Grund für Heimeinweisungen, während „unerwünschte sexuelle Beziehungen" bei Jungen so gut wie nie einen Einweisungsgrund darstellen (Schäfter/Hocke 1995, S. 40). Hierin wird ein krasser Kontrast zwischen moralischer Bewertung des Verhaltens von Mädchen und Jungen deutlich. Dies trifft auch auf „Umhertreiben/Weglaufen" als Heimeinweisungsgrund zu, was bei Mädchen als „Verwahrlosung", bei Jungen als „Wandertrieb" gesehen wird (vgl. ebd.). Weglaufen als aktives Problemlösungsverhalten und effektive Widerstandsform der Mädchen im Verhältnis zu selbstzerstörerischer Aggression zu erkennen, steht für die Jugendhilfe noch aus. Sexueller Mißbrauch als häufige Ursache der Familienflucht von Mädchen wird zwar inzwischen gesehen, jedoch werden „ihre Überlebenstechniken und Bewältigungsstrategien... den Mädchen als schuldhaftes Versagen angelastet" (ebd., S. 68). Die Ursachen innerhalb der Familie bleiben unberührt, der Täter wird nicht zur Verantwortung gezogen, und die Aufarbeitung der traumatischen Erfahrung des sexuellen Mißbrauchs steht hintenan (vgl. ebd.). Arbeit mit jungen Migrantinnen ist in den Erziehungshilfen ebenfalls noch ein defizitäres Gebiet. Gerade in den Schutzstellen sind junge Migrantinnen besonders häufig vertreten, ohne daß diese Tatsache sich in den Handlungskonzepten entscheidend niederschlägt. Die Schwierigkeit für die Mädchen, Kultur, Rituale der Herkunftsfamilie und ihre Hilfesuche bei Problemen zu vereinbaren, wird in der Jugendhilfe nicht angemessen beachtet, eine entsprechende Unterstützung für die jungen Frauen fehlt bisher.

Autonome feministische Mädchenarbeit reagierte auf Defizite der Jugendhilfe mit der Schaffung mädchenspezifischer Projekte wie Mädchenwohnungen, Zufluchtsstellen, Mädchenhäuser, betreutes Wohnen und Mädchen-Beratungsstellen. Diese wichtige Arbeit im Interesse von Mädchen wird jedoch dahingehend kritisiert, daß sie die koedukative Erziehungshilfe von der Notwendigkeit der Veränderung ihrer Strukturen entlastet: „Anfragen nach Ansätzen geschlechtsbezogener Pädagogik werden mit Verweisen auf Mädchen-, seltener Jungen-Wohngruppen, beantwortet. Ein Bild der erzieherischen Hilfen entsteht, indem das Nachdenken über Geschlecht weitgehend auf einzelne Fachkräfte und mädchenspezifische Angebote beschränkt bleibt bzw. auch an diese delegiert wird. Damit besteht fort, was feministische Forscherinnen immer wieder kritisiert haben: Die Lebenslagen und -welten von Jungen und Männern gelten als das allgemeine, die der Mädchen hingegen als das Besondere." (Willibald 2000, S. 5)

Vor allem die in feministischen Projekten betonte notwendige Ganzheitlichkeit der Angebote für Mädchen kollidiert mit der Aufsplitterung der Angebote der Jugendhilfe in Leistungsbereiche, wodurch der Hilfebedarf von Mädchen nicht erfaßt werden kann (vgl. Kuhne 1992/1999). Von daher wird hier auf strukturelle Mängel in der Jugendhilfe generell verwiesen.

Noch bevor geschlechtshomogene Arbeit sich als Prinzip in der Jugendhilfe durchsetzen kann, sehen Reformen im sozialen Bereich nun eine Entspezialisierung von Einrichtungen vor, stellen damit einen mädchenspezifischen Ansatz erneut in Frage und erschweren die Bemühungen um die Förderung geschlechtsspezifischer Handlungsansätze.

• **In der Jugendberufshilfe**
Strukturelle Zwänge, Gegebenheiten und Normalitätsmuster, subjektive Wünsche, Gleichaltrigenbezüge, Vorstellungen von Weiblichkeit – diese Faktoren spielen für die Akzeptanz von Berufen bei den jungen Frauen eine wichtige Rolle sowie, „inwieweit der Beruf ein soziales Setting verspricht, in welchem Mädchen sich frei (und sexuell unbelästigt) agieren sehen können" (Stauber1999, S. 59). Hier ist der Ansatzpunkt für mädchenspezifische Arbeit in der Jugendberufshilfe.

Mädchen haben berechtigte Kritik an Arbeits- und Lernzusammenhängen, ihre entsprechenden Konflikte brauchen Beachtung und angemessene Reaktion (vgl. Funk/Schwarz 1994). Die jungen Frauen nehmen ihre eingeschränkten Chancen, z.B. auch die Probleme in der Vereinbarkeit von Familie und Beruf, durchaus wahr und reagieren mit ihren Berufswünschen darauf. Sie gehen nicht bereits mit eingeschränkten Wünschen an die Planung ihrer beruflichen Perspektive heran (vgl. Krüger 1993). Dies gilt verstärkt für junge Migrantinnen (vgl. Granato/Schittenhelm 2000), die sehr motiviert sind, einen Beruf zu erlernen (vgl. Granato 1999), jedoch keine entsprechenden Chancen auf dem Arbeitsmarkt und häufiger als junge Deutsche keinen Berufsabschluß haben.

Das Problem sexueller Belästigung in der Ausbildung – zum Teil gravierend in sogenannten Männerberufen – durch Mitschüler in der Berufsschule und/oder Lehrmeister bzw. andere Lehrlinge wird bisher so gut wie gar nicht thematisiert, geschweige denn hinsichtlich ihrer entmutigenden und ausgrenzenden Wirkung reflektiert. Es gibt offenbar für junge Frauen keinen Raum, entsprechende Erfahrungen mitzuteilen und erwarten zu können, daß darauf angemessen reagiert wird. Angemessene Reaktion würde bedeuten, daß SchulrektorInnen/LehrerInnen intervenieren, die Jungen zurechtweisen und eine Schulkultur fördern, die Übergriffe und Beleidigung/Belästigung junger Frauen verurteilt sowie Gleichberechtigung voranbringt. Das Gegenteil ist zumeist der Fall. Den Mädchen wird die Schuld/Verantwortung für die Übergriffe zugewiesen, sie erhalten keine Unterstützung, und die Jungen werden nicht veranlaßt, sich mit ihrem Verhalten zu konfrontieren und es zu verändern (vgl. fiff 28/2000[13]).

Eine Begleitung junger Frauen, die sich für sog. Männerberufe entschieden haben, wäre notwendig, um sie in der Ausbildung zu halten. Das Modellprogramm „Mädchen in Männerberufe" hatte in den 80er Jahren bereits gezeigt, daß junge Frauen mit Begeisterung und Kompetenz in diese Berufe gehen, wenn sie durch Begleitung einerseits Schutz und andererseits durch weibliche Anleiterinnen positive Vorbilder sowie ein Stück weiblicher Kultur im Betrieb vorfinden (vgl. Hellmann/Volkholz 1985, Förderplan 1995). Es ist auch klar geworden, daß der Förderung weiblicher Ausbilderinnen hier eine ganz entscheidende Rolle zukommt, die erst ein Klima und eine Struktur schaffen kann, in der Mädchen/ junge Frauen sich aufgehoben und unterstützt fühlen.

Eigenständige Mädchenprojekte sind in den 70er Jahren im Rahmen der Jugendberufshilfe entstanden, als zeitweise ein hoher Mangel an Lehr- und Ausbildungsstellen zu verzeichnen war und sich zu 2/3 junge Frauen unter denen befanden, die keine Chancen erhielten (vgl. Klose/Langmaak 1998). Auf diese Weise war es möglich, finanzielle Mittel zur Einrichtung von Projekten zu erhalten, die ein mädchengerechtes Angebot zur Berufsförderung entwickelten. Hier wurde Gelegenheit geschaffen, spezifisch auf die Lebenssituation und Bedürfnisse von Mädchen zugeschnittene Maßnahmen anzubieten, die sich ganzheitlich am Lebenszusammenhang der Mädchen orientierten und Stärkung der Persönlichkeit, Unterstützung spezifisch weiblicher Lebensplanung, berufliche Integration, Erweiterung des Berufswahlspektrums, Verbesserung der schulischen Qualifikation, Förderung der Ausbildungsmotivation und der Perspektive einer eigenständigen Existenzsicherung auf ihre Fahnen schrieben bzw. schreiben, begleitet durch die Bearbeitung von Themen wie Sexualität, Körper, Beziehung und Gewalt (vgl. ebd.).

---

13 Informationsblatt der Gleichstellungsstelle für Frauen in München.

„Anliegen der Berufshilfe muß es sein, eine offensive Diskussion darüber zu führen, welche Angebote Mädchen und jungen Frauen Hilfe, Unterstützung und Orientierung im Prozeß der spezifisch weiblichen Lebensplanung geben. Sie trägt damit zur Qualifizierung der Jugendberufshilfe insgesamt entscheidend bei, indem sie grundlegende Hinweise für eine Neudefinition des Anforderungsprofils für eine Jugendberufshilfe im Sinne eines geschlechtsdifferenzierten Arbeitsansatzes formuliert, der die jeweiligen spezifischen Bedürfnisse von Mädchen und Jungen berücksichtigt." (ebd., S. 25)

Die Altersgrenze ab dreizehn/vierzehn Jahren für die Beteiligung von Mädchen an entsprechenden Angeboten wird von Klose/Langmaak als zu hoch kritisiert; sie fordern eine Absenkung auf zehn Jahre, um dem Einfluß der geschlechtsspezifischen Sozialisation insbesondere in der Pubertät entgegenwirken zu können, während der eine Vielfalt früher Berufswünsche oft aufgegeben wird zu Gunsten des typischen eng begrenzten Berufswahlspektrums. Gerade die Chance, Mädchen für technische Berufe zu interessieren, ist nach Klose/Langmaak in diesem Alter dank größerer Neugierde und Offenheit wesentlich höher als später (vgl. ebd.). Klose/Langmaak meinen, daß die Jugendsozialarbeit grundsätzlich eine „Neuformulierung von Angebotsstrukturen und Zielgruppendefinition unter Beachtung mädchenspezifischer Belange beginnen muß" (ebd., S. 28).

In den letzten Jahren entstanden verstärkt – gefördert durch spezielle Finanzierungsprogramme – mädchenspezifische Projekte zur Förderung der Berufseinmündung junger Frauen (vgl. Krahek 2001), die z.B. im Rahmen des Wettbewerbs „fit für Leben und Arbeit" wenigstens teilweise sichtbar wurden. „Alle Projekte widmen sich... der bewußten Aufarbeitung der Sozialisationserfahrungen der Mädchen und jungen Frauen. Aus diesem Grunde nehmen Lernziele, die auf eine Veränderung des tradierten Rollenverhaltens zielen, einen zentralen Stellenwert in der Arbeit der Projekte ein... Allen Ansätzen (ist) gemein, daß den Mädchen und jungen Frauen neue Erfahrungsbereiche eröffnet werden, welche dann den Ausgangspunkt für eine aktivere und eigenständigere Lebensplanung und -gestaltung bilden. Dabei verfolgen die Projekte Zielsetzungen wie: das Selbstbewußtsein der Mädchen und jungen

Frauen zu stärken, sie zu einer kritischen Auseinandersetzung mit vorgelebten und internalisierten weiblichen Lebensentwürfen zu ermutigen und sie zur Erlangung einer eigenverantwortlichen und selbstbestimmten Lebensgestaltung zu befähigen." (ebd., S. 10)

• **In Ostdeutschland**
Da der Ausgangspunkt für Mädchenarbeit in den neuen Bundesländern – anders als in Westdeutschland – nicht im Engagement im Rahmen der Frauenbewegung lag, gibt es eine entscheidende Differenz nicht nur in den Entstehungsbedingungen, sondern auch in den Konzepten von Mädchenarbeit, vermittelt über das weibliche Selbstverständnis im Gefolge der DDR-Sozialisation (vgl. Bütow 2000, Scharlinski 1998): „Ein ostspezifisches feministisches Bewußtsein, eine feministische Bewegung, die die gesellschaftliche Öffentlichkeit als aufklärerisches und politisches Moment beeinflußt hätte, gab es in diesem Sinne nicht." (Möller 1995, S. 143)

Das mädchen- und frauenbezogene Bewußtsein von Pädagogik, Politik und Individuen war und ist zum Teil noch immer geprägt von den gesellschaftlichen Bedingungen in der DDR mit ihrem zahlenmäßig nahezu gleich hohen Anteil von Frauen im Beruf sowie der garantierten Kinderbetreuung (vgl. Andruschow/ Mersmann 1993). Mädchen und Frauen „erfuhren sich als kompetent und unabhängig" (Möller 95, S. 144).

Die Darstellung der DDR als System der verwirklichten Gleichstellung zwischen den Geschlechtern prägt die Erinnerung der Frauen, die die durchaus vorhandenen Benachteiligungsstrukturen nicht wahrgenommen haben, und sie geben diese Einstellungen an ihre Kinder weiter. So ist zu beobachten, „daß die Mädchen aus der ehemaligen DDR auch nach dem Systemwechsel nach wie vor eine Berufstätigkeit anstreben, sie aber darüber hinaus massenhaft keinen weitergehenden Anspruch an tatsächliche Gleichstellung einfordern. Die ebenso vorzufindende Diskriminierung von Frauen und Mädchen qua Geschlecht in der Bundesrepublik wird weitestgehend nicht in Frage gestellt." (Andruschow/Mersmann 1993, S. 12)

Mädchen- und frauenpolitische Initiativen konnten so nicht aus der Überzeugung entstehen, daß Mädchenarbeit zur Förderung der Entwicklungschancen von Mädchen notwendig sei. Zum einen wurden Impulse aus dem Westen übernommen bzw. in den Osten hineingetragen, die zunächst die Schaffung staatlich finanzierter Arbeitsplätze versprachen, zum anderen formte sich „frauen- und mädchenpolitisches Engagement in den neuen Bundesländern über die Bewältigung der Enttäuschungen aus der Wende-Zeit, aber auch über gewachsene und gewohnte Stärken und vor allem das über die Berufstätigkeit definierte Selbstbewußtsein" (Möller 1995, S. 145).

Die Ziele in der Mädchenarbeit, insbesondere das zentrale Ziel der Emanzipation, unterschieden sich demzufolge im Osten zunächst erheblich von denen im Westen. Inhaltlich stand und steht die berufliche Orientierung der Mädchen im Mittelpunkt. Das Ziel der Selbstbestimmung aus westlichen Mädchenprojekten, das Mädchen die Entscheidung über ihren Lebensweg selbst überläßt, war den umgeschulten PädagogInnen im Osten zunächst fremd und nicht nachvollziehbar (vgl. ebd.). Dies gilt auch für die im Westen entwickelte Forderung nach Frei- und Schutzräumen für Mädchen, um Selbstbestimmung im Rahmen bestehender patriarchaler Strukturen zu erreichen (vgl. Heiliger 1993).

Die Erfahrungen mit der bundesrepublikanischen Gesellschaft, die wachsende Annäherung der Gesellschaften, vor allem in der Übernahme patriarchaler Strukturen westlichen Zuschnitts, ließen jedoch allmählich das Verständnis für die Handlungsansätze einer Mädchenarbeit nach eher feministischem Muster wachsen (vgl. Bütow 2000, Jung 1997). Der durch die Wende bedingte Verlust des gesellschaftlichen Selbstverständnisses als emanzipiertes Mädchen/emanzipierte Frau brachte hohe Verunsicherungen und die Forderung nach Neuorientierung. Die kritische Diskussion in der BRD um die weiblichen Lebenszusammenhänge wurde nachvollziehbar (vgl. Andruschow/Mersmann 1993). Auch im Osten gilt, daß Mädchen mittlerer und gehobener Bildungsmilieus sehr selbstbewußt und emanzipiert erscheinen, daß Gewalt- und Drogenkonsum auch hier bei Mädchen als Problemlösungsversuche zunehmen. Mädchenarbeit im Osten greift Verunsicherungen und Widersprüche auf und bearbeitet sie, unterstützt und begleitet Mädchen auf der Suche nach einem eigenständigen, selbst bestimmten Weg (vgl. ebd.). Das Spektrum der Angebote für die Mädchenarbeit im Osten reicht mittlerweile von traditionellen bis hin zu feministischen, die Konzentration auf städtische und die Unterversorgung ländlicher Gebiete entspricht der Situation im Westen (vgl. Funk 1993).

Doch galt es für die engagierten PädagogInnen, einige Widerstände von Institutionen und KollegInnen bei der Schaffung von Angeboten der Mädchenarbeit zu überwinden: „Das wollen unsere Mädchen nicht, die Frau in der DDR war gleichberechtigt" (ebd., S. 39) und Sorgen um eine mögliche Zurücksetzung von Jungen: „Wir haben uns ganz schön durchgekämpft... da gucken die uns doch immer noch so an, wenn wir ‚nur' mit Mädchen sagen und dann fragen sie: Wo bleiben denn die armen Jungen?" (ebd., S. 41) Die konkreten Erfahrungen mit der Mädchenarbeit und der Reaktion der Mädchen auf das Angebot zeigten allerdings eine hohe Akzeptanz und Nutzung, wie 1992 eine erste Bestandsaufnahme aus dem Berliner Raum über 30 Mädchenprojekte und Angebote in Berlin und 44 Mädchenprojekte in Brandenburg ergab. Es stellte sich auch heraus, daß die Angebote in der Mädchenarbeit inhaltlich und methodisch im wesentlichen denen im Westen entsprachen (vgl. ebd.).

Im Unterschied zum Westen sucht sich die Mädchenarbeit im Osten ihre Zielgruppen zumeist überregional und schichtenübergreifend, wesentlich stärker als im Westen richtet sie sich auf Berufsförderungsmaßnahmen. Hilfsangebote für Mädchen in Gewaltsituationen und Krisen sind noch unzureichend, der strukturellen Verankerung von Mädchenarbeit innerhalb der Jugendhilfe wird noch großer Widerstand entgegengesetzt. Insgesamt zieht Bütow das Fazit: „Mädchenarbeit findet in mehr oder minder geschlossenen Räumen statt, sie spricht ein bestimmtes, mittelschichtorientiertes Klientel mit Kultur- bzw. Freizeitarbeit an, noch zu wenig werden Mädchen mit spezifischen Problemen (berufliche Integration bzw. Gewalt) erreicht." (Bütow 2000, S. 44)

Erschwerend für die Mädchenarbeit im Osten ist der Umstand, daß zum einen die Pädagoginnen sich ihre fachlichen Kompetenzen vorwiegend in der Praxis als „Quereinsteigerinnen" selber erwerben mußten und daß zum anderen die Stellen zumeist über Arbeitsförderungsmaßnahmen mit einer ungewissen Zukunft ungesichert sind. Die Gefährdung der Finanzierung von Mädchen- und Frauenprojekten im Zuge der Einsparungspolitik in der gesamten Bundesrepublik sowie der Einführung der neuen Steuerung und Qualitätsdebatte im sozialen Bereich bringt ein Zusammenrücken mit sich. Die Notwendigkeit gemeinsamer Kämpfe für die Aufrechterhaltung der mädchen- und frauenpolitischen Projekte in Ost und West ist offensichtlich.

Landesarbeitsgemeinschaften „Mädchen und junge Frauen" sind in mehreren Bundesländern in West- und Ostdeutschland gegründet worden, um durch die Anerkennung nach § 78 KJHG Mitspracherechte auf jugendpolitischer Ebene zu sichern und einen fachlichen Austausch hinsichtlich von Qualitätsstandards in der Mädchenarbeit zu fördern (vgl. Bütow 2000, Chwalek 1996). Die Auseinandersetzungen um die Bestandserhaltung der Mädchenarbeit haben deutlich gemacht, daß in den neuen Bundesländern noch keine Minimalversorgung in bezug auf die Bedürfnisse von Mädchen besteht. Forderungen von West und Ost gleichen sich hinsichtlich der Einlösung einer Geschlechterperspektive in der Jugendhilfe und der flächendeckenden Versorgung von Mädchen.

Barrieren für eine Inanspruchnahme mädchenspezifischer Angebote

Abwertung von Mädchenräumen und Mädchenzusammenhängen

Die zur Zeit aktualisierte These, daß Mädchen keine Mädchenarbeit wollen (vgl. Meyer 1999) und die „Besonderung" ablehnen, ist alt, doch so pauschal weder haltbar noch belegbar. Selbstverständlich wollen Mädchen Gleichheit und nicht durch „Besonderheit" stigmatisiert werden. Dies bedeutet jedoch nicht automatisch, daß sie an spezifischen Angeboten nicht interessiert sind. Sie nehmen sie auch in hohem Maß in Anspruch, wie Berichten aus den Projekten zu entnehmen ist.

Andererseits hatte Mädchenarbeit in Mädchengruppen, eigenen Veranstaltungen und autonomen Projekten von jeher mit Widerständen der Akzeptanz zu kämpfen, die nicht von den Mädchen ausgingen, sondern gesellschaftliche Haltungen ausdrückten wie z.b. Leugnung der gesellschaftlichen Benachteiligung von Mädchen und Frauen, Abwertung weiblicher Lebenszusammenhänge, Diskriminierung des Feminismus und negative Konnotation der „Emanze" (vgl. Heiliger 1993).

Ein aufschlußreiches Beispiel hierfür ist eine Mädchenausgabe des Jugendmagazin „Jetzt" der Süddeutschen Zeitung. Diese Ausgabe ist durchzogen von der Botschaft, „echte Mädchen" hätten immer Spaß, „sind immer unter sich, denn sie haben die notorischen Langweilerinnen, die am liebsten über Gleichberechtigung und Frauenfeindlichkeit reden, an der letzten Straßenecke stehen gelassen" (Jetzt 43/94, S. 6). Diese Botschaften stammen natürlich von den ZeitungsmacherInnen und spiegeln deren Einstellungen und deren Ziele mit der Zeitschrift wider. Es sind Botschaften, die die Mädchen aufnehmen sollen, keine, die sie von sich aus produzieren.

Die Erfahrung der Abwertung von Mädchenräumen wiederholt sich u.U. für jedes einzelne Mädchen, sobald sie Mädchenräume im weitesten Sinn in Anspruch nimmt oder auch nur Interesse daran äußert, wie Sigrid Metz-Göckel feststellt: „Neu etablierte Mädchenräume in der Schule oder Jugendkultur stehen ständig zur

Disposition, werden fast durchgängig entwertet und als minderwertig oder gar gefährlich eingeschätzt und daher von Mädchen (bald) gemieden." (Metz-Göckel 1998, S. 267)

Klagen über die Situation von Mädchen und jungen Frauen in koedukativen Einrichtungen enthalten nach wie vor die gleichen Kritikpunkte. Werden Mädchengruppen, ein Mädchenraum, ein Mädchentag o.ä. angeboten, so zeigt sich zumeist immer noch ein hoher Widerstand seitens der Jungen: Sie protestieren, fordern Aufmerksamkeit und Privilegien ein, stören die Mädchenarbeit, beschimpfen die Mädchen, versuchen, in die Räume zu gelangen, sie zu beschädigen und zu zerstören, wie Pädagoginnen übereinstimmend berichten. Die Erfahrungen von Mädchen, entwertet, beleidigt und in traditionelle Rollenvorstellungen zurückkatapultiert zu werden, wiederholen sich in koedukativen Einrichtungen immer wieder.

Es erfordert immensen Einsatz der PädagogInnen und unerschütterliche Solidarität mit den Mädchen und jungen Frauen, um nicht aufzugeben (vgl. Möhlke/Reiter 1995). Aber es scheint oft sehr schwer zu sein, die heftigen Diskriminierungen und Beleidigungen zu ertragen – geschweige denn, ihnen etwas entgegenzusetzen –, mit denen Jungen in gemischten Einrichtungen „ihr Terrain" behaupten und verteidigen.

In geschlechtsgemischten Jugendzentren fehlt häufig eine deutliche Kultur des „Grenzen-Setzens" im Umgang von Jungen mit Mädchen, fehlen störungsfreie Gruppenräume, spezifische Beratungen, ausreichend Personal, finanzielle Mittel und technische Ausstattung, um den Mädchen, die in die Jugendzentren kommen, angemessene Aufmerksamkeit zu geben und attraktive Angebote machen zu können. Das negative Image, das vielen gemischten Jugendzentren aufgrund des rüden Verhaltens der dort anwesenden Jungen einerseits, wegen der räumlichen Unattraktivität andererseits anhaftet, gehört mit zu den Ausschlußkriterien für eine breite Nutzung durch Mädchen (vgl. ebd.). Noch scheint sich an koedukativen Einrichtungen bei männlichen und weiblichen PädagogInnen nicht grundsätzlich eine Haltung durchgesetzt zu haben, die Aggressionen, Gewalt und verbale Attackierung von Mädchen durch Jungen konsequent ablehnt und Jungen beispielsweise des Hauses verweist, wenn sie es dennoch tun.

Solche Erfahrungen und Strukturen sind immer noch der Anlaß zur Gründung eigenständiger Einrichtungen für Mädchen und junge Frauen, um ihnen einen Entwicklungsprozeß nach ihren Interessen und Zeitperspektiven zu ermöglichen, ohne sich ständig verteidigen oder rechtfertigen zu müssen. Doch ist es für Mädchen eine hohe Barriere, reine Mädchenräume für sich in Anspruch zu nehmen, wenn um sie her ein Klima herrscht, in dem Mädchen- und Frauenzusammenhängen kein positiver Wert zugeschrieben wird. Die Mädchen wollen nicht als Defizitwesen erscheinen, die es nötig hätten, sich zurückzuziehen. Daher wagen sie es oft nicht, in die mädchenspezifischen Räume zu gehen, und nehmen unter Umständen sogar an deren Abwertung teil.

Ulrike Graff (1999) ist in einer Studie diesen Barrieren nachgegangen und hat in Interviews mit Mädchen festgestellt, daß eine ganze Reihe von Faktoren wirksam sind:

- bereits vermittelte negative Vorurteile;
- offene Abwertung durch andere Personen;
- Vermittlung einer vermeintlichen Defizitorientierung in mädchenspezifischen Angeboten;
- die daraus resultierende Abgrenzung, „das habe ich nicht nötig";
- negative Konnotation ausschließlicher Mädchen- bzw. Frauenzusammenhänge;
- die Assoziation von Jungen- bzw. Männerfeindlichkeit bzw. die Annahme, mädchenspezifische Angebote würden nur von Mädchen angenommen, die Probleme mit Jungen hätten, und die daraus folgende Zusicherung: Ich komme mit Jungen klar, ich habe nichts gegen Jungen;
- die Annahme, nur unter Mädchen müsse es langweilig sein;
- die Annahme, Mädchen dort müßten alle Lesben sein.

So berichtet ein Mädchen: „Das hab ich auch schon erlebt, also in meinem Sportkurs oder Sportverein, wenn ich erzählt habe, ja, in meinem Jugendzentrum oder Jugendtreff – also ich sage halt immer Jugendzentrum oder Jugendtreff, weil ich das halt schon öfter erlebt habe, daß die mich schräg angucken, wenn ich sage Mädchentreff – da sind nur Mädchen. Und da wollten halt welche wissen, wo das ist und wie das heißt, der Jugendtreff, und da habe ich das einem Mädchen halt erzählt, ja, das heißt Mädchentreff, da sind halt nur Mädchen, da sind keine Jungen und so. Die haben mich angeguckt und haben gefragt, ist das nicht langweilig? Und ein anderer Junge, der hat das mitgekriegt, der stand in der Nähe von uns, als wir uns darüber unterhalten haben, der hat mich dann auch so angekuckt und hat dann auch gefragt, ja, wenn da nur Mädchen sind, ist das nicht langweilig und so, oder sind die alle anders herum? Da mußte ich auch erst mal grinsen und habe gedacht, ja, ja... da hab' ich halt gesagt, ja, da sind nur Mädchen. Also gesagt, es sind nur Mädchen. Und da wollte er noch wissen, und was macht ihr da so die ganze Zeit?" (Graff 1999, S. 59)

Stengelin/Weiß (1995), die den Mädchentreff Tübingen wissenschaftlich begleitet haben, ziehen aus dieser auch von ihnen beobachteten Situation die Schlußfolgerung, daß „die Bezugnahme auf Frauen und Mädchen unter dem Ausschluß von Jungen und Männern gesellschaftlich sanktioniert ist" (ebd., S. 44). Möhlke/Reiter (1995) bestätigen, daß Mädchen häufig von Behinderungen und Widerständen berichteten: „Schulkameradinnen, Freunde und Freundinnen reagieren oft mit versteckter oder offener Aggression und Mißbilligung, wenn sie erfahren, daß Mädchen den für sie allein zur Verfügung stehenden Treff besuchen." (ebd., S. 156)

Den Vorurteilen, Abwertungen und Widerständen, die Mädchen offenbar den Zugang zu mädchenspezifischen Angeboten, insbesondere zu Mädchenprojekten erschweren, stellen Stengelin/Weiß gegenüber, wie selbstverständlich eine Vielfalt faktisch mädchen- und frauenausschließender Jungen- und Männerräume existiert. Sie fordern eine gezielte Förderung von Mädchenräumen, um eine dementsprechende Normalität zu schaffen und Vorurteile auszuhebeln. „Die selbstverständliche Existenz öffentlicher Jungen- und Männerräume und -traditionen, zu denen Mädchen und Frauen keinen Zugang haben und auch nicht willkommen sind (z.B. Fußball, Stammtische, Männergesangsvereine, Verbindungen), ist in adäquater Weise für Frauen und Mädchen nicht denkbar. Frauen- und Mädchenräume im Gegenzug mit der gleichen Selbstverständlichkeit zu errichten, löst Abwehr, Widerstand und Unverständnis aus. Alle Maßnahmen, die öffentlichen Mädchenräumen das Stigma der Randständigkeit und Besonderheit nehmen und sie als Normalität etablieren, dienen dazu, Mädchen Raum für ihre Interessen und Bedürfnisse zu schaffen, denn erst wenn es auch öffentlich als ‚normal' gilt, sich ohne Jungs zu treffen, wird Mädchen der Zugang und die ständige Nutzung von Mädchenräumen eröffnet, das bedeutet in der Konsequenz, regional dezentrale Mädcheneinrichtungen zu schaffen und in koedukativen Einrichtungen Zeit und Raum, der nur für Mädchen reserviert ist, als ständiges Angebot zu integrieren." (ebd., S. 97)

Zur Herstellung solch einer Normalität ist die Frage angemessener Ausstattung und Ressourcen von Bedeutung. Die bisher zumeist vorfindliche Einschränkung auf relativ kleine Räume und geringe Ausstattung mit Geräten usw. vermittelt den Mädchen einen minderen Status – für sie „bestätigt sich dadurch erneut, daß sie es nicht in gleichem Maße wert sind wie Jungen, Geld und Personal zu investieren" (ebd., S. 144).

Übergehen von Mädchengruppen als selbstgewähltem Handlungsraum

Die Abwertung mädchenspezifischer Zusammenhänge und Projekte widerspricht auch den und negiert die konkreten Erfahrungen selbst gewählter Mädchencliquen, vor allem im Alter bis zur Pubertät. Elke Schön (1999) hat in ihrer empirischen Studie zur Aneignung der sozialräumlichen Lebenswelt von Mädchen die Bedeutung von Mädchencliquen in diesem Kontext und die Fähigkeit der Mädchen zur Spontaneität und Flexibilität in der Herstellung und Zusammensetzung solcher Cliquen beobachtet. Ganz nebenbei weist sie die bisher verbreitete These, Mädchen beschränkten sich im wesentlichen auf Innenräume und das familiale Umfeld, als unzutreffend und Vorurteil nach: „Aufenthalt und Bewegung im Freien haben in der Einschätzung der Mädchen einen höheren Stellenwert als die Aufenthalte in Innenräumen, ebenso das selbstbestimmte Tun und Zusammentreffen mit anderen Kindern, ohne die Beaufsichtigung durch Erwachsene. Die Mehrheit der Mädchen bewegt sich dabei in gleichaltrigen Mädchen-Peers, die über Nachbarschaftszusammenhänge gewachsen sind." (ebd, S. 125)

Elke Schön stellt fest, daß das Zusammensein in der Mädchengruppe nicht verabredet, sondern immer wieder von den Mädchen neu hergestellt wurde. Sie holten sich gegenseitig ab und trafen

Mädchen draußen, mit denen sie spontan, unkompliziert und neugierig aufeinander über Schicht- und Kulturgrenzen hinweg Kontakte aufnahmen. Sie unterstützten sich gegenseitig in der Aneignung öffentlichen Raumes und gaben sich als Gruppe Macht und Sicherheit gegenüber allgegenwärtiger sexistischer Anmache und Belästigung durch Jungen und Männer: „Die gruppenbezogene Aneignung des öffentlichen Freiraumes spielt für die Mädchen eine wichtige Rolle... in der Mädchen-Peer finden sie Schutz und Nähe... und (zeigen) Fürsorge füreinander... sie orientieren sich aneinander, geben ihr Wissen untereinander... weiter und damit auch Praktiken einer Mädchenkultur." (ebd., S. 143/144)

Nach den Beobachtungen von Schön im Rahmen ihres Forschungsprojektes haben alle Mädchen Erfahrungen mit Anmache, Belästigungen, Übergriffen und Gewalt durch Männer: „Männer zischen den Mädchen hinterher: ‚Kommt mit', ‚komm her', ‚manchmal fassen die uns einfach an.'" (ebd., S. 156) Dennoch verzichten sie deshalb nicht unbedingt auf ihre Bewegungsfreiheit und ihre bevorzugten Orte, sondern bearbeiten in der Mädchenclique ihre Erfahrungen in Öffentlichkeit und gemischten Zusammenhängen und erlangen dadurch Autonomie: „Ich und die M., wir sind noch in einer Clique mit Jungs. Was da abgeht, sag ich nicht, wir finden's ganz schön cool. Wenn wir mit denen unterwegs sind, da ist es schon so, daß die Jungs das Sagen haben, die bestimmen wollen, und wenn Mädchen nicht mitmachen, was die wollen, Knutschen, Sex und was auch immer, dann werden die von den Jungs geschlagen. Ich mein', wir spielen so nicht mit. Nicht mit uns! Wir schwätzen darüber auch in unserer Mädchenclique, und die ist sowieso viel besser – irgendwann steigen wir da auch wieder aus aus der anderen Clique..." (ebd., S. 213) Schön beklagt, daß die PädagogInnen in der Jugendarbeit die bestehenden Mädchencliquen häufig übersehen, statt an ihnen anzuknüpfen.[14]

---

14 Vgl. positiv zum Ansatz an den bestehenden Mädchencliquen: Gabriele Heinemann 2001.

Die Bedeutung mädchenspezifischer Angebote für die Mädchen

Zur Nutzung von Mädchenräumen und mädchenspezifischen Angeboten

Zur Inanspruchnahme mädchenspezifischer Angebote liegen im wesentlichen Arbeiten aus der offenen Jugendarbeit vor. Sie zeigen eine deutliche schichtspezifische Verteilung der Nutzung. Mädchentreffs scheinen eher Mädchen aus der Mittelschicht/Gymnasiastinnen anzusprechen und eher von deutschen Mädchen besucht zu werden, Mädchenarbeit innerhalb der Jugendzentren erreicht eher Hauptschülerinnen und darunter viele Migrantinnen (vgl. Stengelin/Weiß 1995, Möhlke/Reiter 1995). Inhaltlich sind in Mädchentreffs eher Kurse bzw. geschlossene Veranstaltungen gefragt, Mädchen im Jugendzentrum bevorzugen den offenen Treff. Im Mädchentreff entscheiden sich die Mädchen bewußt für das mädchenspezifische Angebot, das Angebot im gemischten Jugendzentrum wird eher aus Langeweile, wegen der Abwechslung oder vor allem, weil sie ungestört – z.b. an einem Mädchentag – alle Geräte des Hauses nutzen können, in Anspruch genommen (vgl. Hermann 1998, Graff 1999, Funk/Möller in Böhnisch u.a. 1995, Möhlke/Reiter 1995, Stengelin/Weiß 1995).

In der Untersuchung von Möhlke/Reiter (1995) wird auf die Frage, warum Mädchen das mädchenspezifische Angebot wahrnehmen, in erster Linie das Zusammensein mit anderen Mädchen und Neugier auf sie angegeben:
- Weil ich dort andere Mädchen kennenlerne (77,5 %)...
- Weil ich mit Mädchen besser reden kann als mit Jungen (63 %)...
- Weil dort keine Jungen sind (55 %) (ebd., S. 156).

Der Mädchentreff Lilith in Pforzheim führte unter 10- bis 15-jährigen Mädchen an drei Schulen verschiedener Schultypen im Stadtteil des Mädchentreffs eine Umfrage durch. 463 Fragebögen wurden ausgewertet, die u.a. ergaben, daß ein Drittel der befragten Mädchen zu Angeboten für Mädchen gehen würden, bzw. vom Mädchentreff wissen und ihn positiv bewerten, während ein

Viertel bereits Angebote für Mädchen genutzt haben (vgl. Blonski u.a. 2000).

In einer Studie über den Mädchentreff Tübingen (Stengelin/ Weiß 1995), der hauptsächlich von Mädchen zwischen 12 und 16 Jahren genutzt wird, stellen die Autorinnen fest: Die Mädchen „nutzen (den mädchenspezifischen Raum) für ihre eigene Regeneration und Reproduktion, für den intensiven Austausch über die sie bewegenden Ereignisse und als Schutzraum gegen Grenzüberschreitungen. Sie sind für muslemische, lesbische oder Mädchen mit Gewalterfahrungen oft die einzigen Orte, sich außerhalb der Privatheit zu treffen." (ebd., S. 54)

40 % der von Stengelin/Weiß befragten 80 Mädchen wären lieber ein Junge. Dieses Ergebnis kann im Kontext der aktuellen Diskussionen um die erreichte Gleichberechtigung als dramatisch bezeichnet werden. Es verweist auf die Erfahrung der Mädchen, daß Jungen immer noch größere Freiräume und Möglichkeiten zugestanden werden, sowie auf mangelnde Voraussetzungen für eine positive Identifikation mit dem eigenen Geschlecht.

Die Zugangsschwierigkeiten zum Mädchentreff werden auch in dieser Studie stereotyp von den Mädchen berichtet, dem stehen jedoch auch positive Einschätzungen derjenigen Mädchen gegenüber, die die Zugangsbarrieren überwunden haben: „Ich finde das gut. Es gibt eigentlich kaum etwas, wo sich nur Mädchen treffen können. Und es gibt wirklich Sachen, die Frauen und Mädchen besser besprechen können als mit Jungs dabei. Und es gibt Sachen, da gehen nur Jungs hin. Die haben dann so ihre Domänen. Ich finde es gut, wenn man von Mädchen zu Mädchen reden kann, weil man ähnliche Probleme hat." (ebd., S. 137)

In diesem Treff sind die Kurse zur Selbstverteidigung das am häufigsten genutzte Angebot.

Mädchenfreundschaften haben nach wie vor einen hohen Stellenwert: 88 % der befragten Mädchen besprechen Probleme mit einer Freundin, alle haben eine beste Freundin, mit der sie einen großen Teil ihrer Freizeit verbringen (ebd.). 68 % gehören einer Clique an, die bei 41 % ausschließlich aus Mädchen besteht und zu 27 % gemischt ist.

Migrantinnen bietet der mädchenspezifische Raum oft erstmals die Möglichkeit zur Selbstbestimmung und Befreiung von

Pflichtaufgaben: „Hier muß ich nicht putzen, hier darf ich spielen, mit wem ich und wann ich will"; „hier darf ich Bilder angucken, Fotografien, Bücher lesen, zu Hause darf ich auch Bücher lesen, aber da müssen wir leise, ganz leise spielen." (Poppe/Strähle 2001, S. 11/12)

In Ostberlin gaben Mädchen als Gründe, in ein Mädchenprojekt zu kommen, an (Andruschow/Mersmann 1993, S. 45):

- „Nicht mehr vor der Röhre hängen." (Melanie, 12 Jahre)
- „In Ruhe Hausaufgaben machen." (Janine, 10 Jahre)
- „Meinen Geburtstag feiern, Plätzchen backen." (Louisanne, 9 Jahre)
- „Nicht zu Hause hocken." (Maria, 10 Jahre)
- „Sich auch austoben, was man zu Hause nicht kann." (Janet, 10 Jahre)
- „Andere Mädchen treffen und toben." (Ramona, 15 Jahre)
- „Weil es Spaß macht." (Anja, 12 Jahre)

Auch der Ausschluß von Jungen aus den Projekten und damit die alleinige Verfügung der Mädchen über die Räume traf bei den Mädchen auf großes Interesse als eine für sie auf dem Hintergrund der DDR-Sozialisation ganz neue Erfahrung:

- „Ich find es besser, wenn wir nur unter Mädchen sind, weil die Jungs rempeln einen immer an und wollen den Ball wegnehmen." (Daniela, 9 Jahre)
- „Jungs ärgern einen immer zuviel." (Maria, 10 Jahre)
- „Ja... na besonders beim Umziehen, wenn dann noch so Jungs drin sind, dann ist man nervös." (Louisanne, 9 Jahre)
- „Jungen benehmen sich so doof, denn meist sind die Jungen besser oder tun so." (Elke, 9 Jahre)
- „Mal austoben, das geht dann nicht, das wär mir peinlich." (Melanie, 12 Jahre)
- „Ich möchte auch mal von den Jungs allein sein, denn meistens ist es ja so, daß man von denen hinterher geschissen wird." (Janine, 10 Jahre)

In der Auswertung der Projekte im Förderungsprogramm „Mädchen in der Jugendhilfe" der Bundesregierung von Anfang bis Mitte der 90er Jahre stellt Möller (1995) für den Osten fest, daß Mädchen oft „Fürsorge, Wärme und Geborgenheit in den Projekten aufgrund familialer Defizite" suchen, sie beklagt, daß familientherapeutische Einrichtungen und Beratungsstellen in ausreichendem Maß noch fehlen (ebd., S. 155). Die ungesicherte wirtschaftliche Situation im Osten habe bei den Mädchen in bezug auf ihre Lebensperspektiven ein starkes Bedürfnis „nach einer selbst gesicherten finanziellen Unabhängigkeit" (ebd.) und weniger den Wunsch nach eigener individueller Entwicklung in den Vordergrund gerückt.

Möller fand bei dieser Auswertung auch Elemente zur Gestaltung einer eigenen Mädchenkultur. Die Mädchen kommen nicht nur, „weil sie hier Spaß haben und miteinander reden können, sondern vor allem, weil sie etwas mit anderen Mädchen machen wollen" (ebd., S. 167; vgl. Andruschow/Mersmann 1993). Die Gestaltung des Raums durch die Mädchen selbst, die Betonung ihres Status' „als Subjekt", wird von Möller als wesentliches Motiv für die Nutzung mädchenspezifischer Angebote analysiert, sie stellt einen wachsenden Bedarf nach mehr Raum fest: „Im Interesse eines geschützten Frei- und Entwicklungsraums für Mädchen (geht es) um die Vermittlung und Wertschätzung durch freizügiges Bereitstellen von Raum, Zeit und Material." (ebd., S. 171)

Der Druck auf die Pädagoginnen, entsprechende Erwartungen zu erfüllen, erhöht sich und macht die Notwendigkeit deutlich, sich mädchenpolitisch im Interesse der Durchsetzung dieser Forderungen miteinander zu vernetzen.

Nutzung von Mädchenangeboten durch unterschiedliche Zielgruppen

Junge Migrantinnen

Ein hoher Anteil von Mädchen und jungen Frauen mit nichtdeutschen kulturellen Hintergründen nimmt das Angebot an mädchenspezifischer Arbeit in Anspruch, das ihnen erlaubt, sich zeitweise der elterlichen Kontrolle zu entziehen und Unterstützung, Kontakte und Anregungen zu erhalten (vgl. FUMA e.V. 1998).

Mädchen und junge Frauen mit Migrationshintergründen unterliegen neben Benachteiligungen und Unterdrückungen aufgrund des Geschlechts zusätzlichen Erschwernissen, die sich aus ihrem Ausländerinnenstatus und ausländerrechtlichen Restriktionen ergeben. Ihre Lebensplanung in bezug auf Schule, Berufsausbildung, Aufenthaltsort und Beziehungen ist eingeschränkter als die deutscher Mädchen. Widersprüchliche Erwartungen, die sie zu vereinbaren versuchen, sind für junge Migrantinnen anderer Art als für die deutschen Mädchen und potentiell konfliktträchtig: „Selbstbewußt und gehorsam sollen sie sein, sich in dieser Gesellschaft auskennen, bewegen können und häuslich sein, ihren zukünftigen Ehemann bewußter als die Mutter, mit Kenntnis der relevanten Dinge aussuchen und keinen Freund haben dürfen." (Koray 1998, S. 48).

Dennoch gibt es auch viele Ähnlichkeiten in den Erfahrungen beider Gruppen, die in der Annahme „kultureller Andersartigkeit", die Anlaß für Ausgrenzung und Stigmatisierung gibt, leicht übersehen werden (vgl. Otyakmaz 1998). Als Problem wird die häufige Isolation ausländischer Mädchen von gleichaltrigen deutschen beschrieben. Viele haben in ihrer Freizeit keinen Kontakt zu deutschen Mädchen, die massive Vorurteile ihnen gegenüber haben und Freundschaften häufig ablehnen (vgl. Ehlers u.a. 1997).

Ein Rollenwandel hinsichtlich emanzipatorischer Ansprüche hat sich bei den Müttern der jungen Frauen im Lauf der vergangenen zwanzig Jahre vollzogen, was auch die Ausgangsposition der Töchtergeneration verändert hat (vgl. Koray 1998). So haben sich Mutter und Tochter gemeinsam ein stückweit von traditionellen Rollenvorstellungen gelöst, viele versuchen, Schulbildung, Ausbildung und Erwerbstätigkeit mit traditionellen Gebräuchen ihrer Herkunftskulturen zu verbinden. Sie riskieren dabei u.U. den Konflikt innerhalb der Familie, z.B. die Beendigung der Ehe: „Geht es nicht gut mit den zunehmend selbstbewußter werdenden Ansprüchen und Forderungen der Mütter in der Ehe, wagen immer mehr den Schritt zur Trennung und Scheidung." (Koray 1998, S. 47)

Inhaltlich wird eine breite Angebotspalette für junge Migrantinnen gefordert: „Es muß alles geben: kompensatorische Angebote, um Benachteiligungen auszugleichen und die Mädchen aus Familien mit Migrationshintergrund in ihrer mädchenspezifischen oder in ihrer ethnisch bedingten Benachteiligung aufholen zu lassen:

- Computertraining nur für Mädchen;
- Mädchengruppen, in denen die deutsche Sprache trainiert werden kann, nur für Mädchen türkischer Herkunft;

- Angebote für multikulturelle Gruppen, die auch die deutschen Jugendlichen einbeziehen, manchmal nur für Mädchen, manchmal koedukativ, je nach Interesse der Mädchen und je nach Thema und Inhalt.
- Alle Konzepte müssen jedoch interkulturelle und geschlechtsdifferenzierende Überlegungen miteinbeziehen." (Boos-Nünning 1998, S. 54)

Mädchenspezifische Angebote für junge Migrantinnen sind unverzichtbar, weil sie häufig besonderen Einschränkungen in ihren Familien unterliegen, zumeist über keinen eigenen Raum verfügen, außerhäusliche Kontakte ihnen nur in jungenfreien Räumen zugestanden und sie in besonderem Maß in den Haushalt einbezogen werden. Ebenso wie in der Arbeit mit deutschen Mädchen gilt auch hier, daß Mädchen selbst aktiv ihre Situation verändern können, eine positive weibliche Identität gefördert wird und Selbstbewußtsein und Selbstbestimmung gegen Fremdbestimmung gesetzt werden. Die Chance für deutsche Mädchen und Migrantinnen gemeinsam ist das Hinterfragen ihrer jeweiligen Gesellschaften, deren kultureller Normen und Weiblichkeitsbilder. Neben gemeinsamen Angeboten bieten getrennte die Möglichkeit der Reflexion der je spezifischen Erfahrungen (vgl. Otyakmaz 1999).

Interkulturelle Mädchenarbeit ist das neue Konzept in der sozialen Arbeit, das Mädchen und junge Frauen unterschiedlicher kultureller Herkünfte als gleichberechtigte Partnerinnen einbezieht (Hinz-Rommel 1994). Dies setzt eine interkulturelle Öffnung der Einrichtungen voraus (vgl. Boos-Nünning 1998), wofür die Beschäftigung von Pädagoginnen mit migrantem Hintergrund sowie die Aneignung interkultureller Kompetenzen für die deutschen Fachkräfte unverzichtbar ist. Interkulturelle Mädchenarbeit knüpft an Gemeinsamkeiten in der Lebenssituation der Mädchen an, die die Angebote der Mädchenarbeit in Anspruch nehmen, hinsichtlich ihrer gesellschaftlichen Erfahrungen als Mädchen und Frauen.

Der Austausch zwischen den kulturellen Identitäten und der Abbau von Vorurteilen bei deutschen wie ausländischen Mädchen ist wesentliches Ziel (vgl. Bachor 1990). „Gerade interkulturelle Mädchenarbeit bietet die Chance, nicht nur an den Stärken und Widerstandsformen der Mädchen in ihrem Alltag anzusetzen, sondern auch am Vergleich der unterschiedlichen Lebensformen von

Frauen in ihren jeweiligen Herkunftsländern sowie der internationalen Frauengeschichte (herstory)." (ebd., S. 4)

Die Unterschiede zwischen deutschen Mädchen und jungen Migrantinnen stehen vor allem dann im Vordergrund, wenn besonders gewaltträchtige Reaktionen z.b. der Eltern auf den Ausbruch von Mädchen aus Migrationsfamilien durch Flucht in Schutzprojekte drohen, weil die Mädchen den Einschränkungen ihres Handlungsspielraums durch die Familie entgehen wollen. So berichten Birim Bayam-Tekeli und Corinna Ter-Nedden (1998) vom Projekt Papaya, einer Kriseneinrichtung für Mädchen aus der Türkei in Berlin: „Verbote und Gebote betreffen insbesondere

- die Bedeutung, die der Jungfräulichkeit beigemessen wird,
- den Einfluß, den die Eltern auf die Partnerwahl nehmen bis hin zur zwangsweisen Verheiratung,
- den Versuch, als junge Mädchen/Frauen unverheiratet/getrennt von der Familie zu leben.

Bei Übertretung droht Verstoßenwerden, Ausschluß aus der Familie, Zwangsrückkehr in die Heimat der Eltern oder auch Gewaltanwendung bis hin zu Mord" (vgl. ebd.).

In den Schutzprojekten können sich Mädchen verschiedener Kulturen miteinander solidarisieren, was ihre Verschiedenheit in den Hintergrund treten läßt. Bei den deutschen Mädchen sind Vorurteile gegenüber Migrantinnen, die sie oft als Defizitwesen betrachten, zu bearbeiten und abzubauen. Um hier gegenzusteuern, wird in der Mädchenarbeit betont, welche Vorteile sich aus der Zugehörigkeit zu zwei Kulturen und der Zweisprachigkeit ergeben (vgl. Adab-Parvar/Stolz 1998).

In den Zufluchtsstellen für Mädchen in Not- und Krisensituationen suchen oft zu mehr als der Hälfte Mädchen mit Migrationshintergrund in einer breiten Palette nationaler Zugehörigkeiten Schutz vor erfahrener Gewalt (vgl. Celik/Kunsleben 1994, Keller/Mager 1993). Dies macht eine Anpassung der Handlungsansätze innerhalb der Projekte erforderlich: Migrantinnen kritisieren, daß deutsche Fachkräfte Gewalterfahrungen junger Migrantinnen oft nicht zur Kenntnis nehmen wollen, sondern als Teil der jeweiligen Kultur betrachten, in die keine Einmischung erfolgen solle. Eine große Zahl notwendiger Unterbringungen der Mädchen wird so verhindert (vgl. Celik/Kunsleben 1994). Für Migrantinnen ist es um einiges riskanter, Gewalterfahrungen aufzudecken und sich Hilfe zu holen, weil mehr noch als bei deutschen Mädchen der Bruch mit ihrer Herkunftsfamilie und der Verlust ihrer gesamten kulturellen Einbindung drohen (vgl. Ter-Nedden 1996).

Im Unterschied zu den Zufluchtstellen sind in Wohngruppen im Rahmen der Erziehungshilfen relativ wenige Mädchen mit Migrationshintergrund untergebracht (vgl. oben). Als Erklärung für die geringe Fremdunterbringungsquote werden „die stärkere soziale Kontrolle dieser Mädchen und jungen Frauen vor allem in moslemischen Familien, eine kulturell bedingte stärkere Abschottung familiärer Probleme nach außen und ein hohes Mißtrauen gegenüber deutschen Institutionen und Einrichtungen genannt" (Krieter 1996, S. 224). Gefordert wird daher ein „vermehrtes dezentrales Platzangebot von Zufluchtsmöglichkeiten für diese Gruppe von Mädchen und eine stärkere Berücksichtigung von deren religiösem und kulturellem Hintergrund" (ebd.).

Zum Teil ähnlich, zum anderen mit wesentlichen Unterschieden behaftet ist die Situation junger Aussiedlerinnen – in erster Linie aus den GUS-Staaten –, für die vorrangig die Jugendgemeinschaftswerke Maßnahmen entwickelt und durchgeführt haben. Hier geht es um Bearbeitung von Identitätsbrüchen, Chancenlosigkeit, Ausgrenzung und daraus folgenden Motivationsdefiziten, Rückzugstendenzen und psychosomatischen Beschwerden. Eine Vielfalt von Maßnahmen zu allen Lebensfragen und zunehmend berufsbezogen wurde den jungen Aussiedlerinnen angeboten, um sie in ihrer Neuorientierung zu unterstützen. Allerdings werden die bisherigen Maßnahmen als unzureichend eingeschätzt (vgl. Mies-van-Engelshofen 2001).

• **Lesbische Mädchen und junge Frauen**
Lesbische Mädchen suchten von jeher geschlechtshomogene Gruppen und Projekte auf, sobald sich diese entwickelten – auch wenn sie (noch) kein spezielles Angebot für sie auswiesen. Sie brachten aktiv ihre Interessen ein, über lesbische Lebensweisen zu sprechen und sich in Gruppenarbeit, Filmen, Aktionen u.ä. für deren Normalisierung einzusetzen (vgl. Fleck 1993). Für eine sich als progressiv verstehende und an der Aufhebung der Geschlechterhierarchie bzw. parteilich an den Interessen und Lebensweisen

von Mädchen orientierte Jugendarbeit besteht die dringende Anforderung, für lesbische Mädchen offen zu sein, ihnen Interesse und Akzeptanz entgegenzubringen und sie bei der Ausformung einer positiven weiblichen Identität unter Akzeptanz ihrer lesbischen Identität zu unterstützen.

Während es in den 80er Jahren noch als eher exotisch angesehen wurde, in der Jugendarbeit Homosexualität zu thematisieren, hat sich mittlerweile einiges in Richtung Normalisierung getan. Durch gezielte Politik der Akzeptanz homosexueller Lebensweisen hat sowohl die breite als auch die Fach-Öffentlichkeit einen spürbaren Lernprozeß durchlaufen, der in einigen Städten der BRD durch organisierten Abbau von Vorurteilen z.b. in Anti-Homophobie-Seminaren für MitarbeiterInnen der Stadtverwaltung flankiert wird.[15] Der Zwang zur Übernahme heterosexueller Verhaltens- und Beziehungsweisen hat sich im Zuge dieser Prozesse abgeschwächt, wenn auch von grundsätzlicher Akzeptanz auf breiter gesellschaftlicher Ebene sowie im fachlichen Handeln von Institutionen noch nicht ausgegangen werden kann. Das heterosexuelle Beziehungsmodell und das aus ihm abgeleitete Verständnis von Ehe und Familie dient nach wie vor der primären Orientierung und erschwert die Öffnung für eine Vielfalt von Lebens- und Beziehungsformen.

Regina Rauw und Olaf Jantz (2001) berichten, daß sie in der Jugendarbeit ständig Angst vor Homosexualität – Homophobie – erleben, sowohl von Mädchen als noch stärker von Jungen. Einer Umfrage in NRW zufolge lehnen 51 % der befragten Mädchen, aber 73 % der befragten Jungen Homosexualität ab (vgl. Wallner 1995). Die befragten Mädchen unterschieden dabei oftmals zwischen allgemeiner Toleranz und der Bezogenheit auf sie persönlich: „Lesbische Beziehungen, ja, ich weiß nicht, das ist halt, daß sie eben so anders sind. Das ist nicht schlimm. Wenn die heiraten würden, würde ich daran nichts Schlimmes finden. Finde ich o.k. Für mich kann ich mir das nicht vorstellen." (ebd., S. 189) Mit dieser Ablehnung korrespondiert die Verwendung von „lesbisch" und „schwul" als – gefürchtetem – Mittel der Abwertung und Diskriminierung, was eine positive persönliche Zuordnung enorm erschwert.

15 In München z.b. ausgehend vom „Runden Tisch" der „Rosa Liste".

Homophobie sehen Rauw/Jantz in allen gesellschaftlichen Bereichen mit dem Ziel verankert, die bestehende Gesellschaftsordnung und Kultur abzusichern. Die Diskussion um die „Homoehe" anläßlich der gesetzlichen Absicherung homosexueller Partnerschaften habe die Befürchtung deutlich gemacht, heterosexuelle Normen und Institutionen könnten grundlegend in Frage gestellt und müßten daher verteidigt werden. Rauw/Jantz begrüßen die Auseinandersetzung über die Dekonstruktion bestehender Geschlechtsrollen als Chance zur Auflösung der polaren Zuweisungen und zur Erleichterung des Lebens homosexueller Identitäten.

Das Angebot lesbischer Mädchenarbeit richtet sich nicht nur direkt an lesbische Mädchen, sondern bedeutet auch für heterosexuelle Mädchen das Aufzeigen alternativer Identitätsentwürfe zur traditionell weiblichen Rolle (vgl. Ziese 1999). Ziese sieht hierin eine besondere Chance der Jugendarbeit etwa gegenüber der Schule, obwohl bislang noch „der Eindruck besteht, daß lesbische und schwule Sexualität kein Thema in der Jugendarbeit ist" (ebd., S. 95). Bisher hätten nur einzelne Jugendverbände und die feministische Mädchenarbeit die Frage aufgegriffen.

„Tabuisierung, Unsichtbarmachung und das Nichternstnehmen lesbischer Sexualität als Lebensform bietet ein fest etabliertes Struktur- und Herrschaftsmodell. Dies gilt im besonderen Maße für die Jugendarbeit als Sozialisationsinstanz... So ist zu konstatieren, daß Jugendarbeit ihrem Anspruch, Jugendliche in ihrer Identitätsbildung zu stützen, nicht gerecht wird, vielmehr erschwert sie die homosexuelle Identitätsfindung, indem sie gesellschaftliche Vorurteile bewahrt und reproduziert." (ebd., S. 96)

Auch wenn Mädchen auf die Konfrontation mit lesbischen Lebensweisen mit Abwehr reagieren und damit ihre Normalität unter Beweis stellen möchten, wird ihnen doch durch die Thematisierung die Möglichkeit zur Auseinandersetzung über unterschiedliche Identitäten gegeben und prinzipiell Wahlfreiheit vermittelt. Die PädagogInnen sind als Vorbilder für einen offenen Umgang mit Homosexualität von großer, oft entscheidender Bedeutung.

Carola Wildt (1978) betonte in einer der ersten Veröffentlichungen zu lesbischen Mädchen in der Jugendarbeit, homosexuelle Erfahrungen müßten nicht, wie oft befürchtet, eine Absage an heterosexuelle Beziehungen bedeuten. „Daß zwischen homosexuellen und heterosexuellen Bedürfnissen ein Widerspruch besteht, wird ihnen weniger aus eigenen Erfahrungen, Wünschen oder Phantasien deutlich, sondern vielmehr aus den Reaktionen und Einstellungen zur Homo- und Heterosexualität, mit denen sie in zunehmenden Maße konfrontiert werden." (ebd.) Für lesbische Mädchen ist daher nicht ihre sexuell-erotische Orientierung das Problem, sondern abwehrende und stigmatisierende Reaktionen des Umfeldes.

„Die Eltern meiner Freundin", berichtet Sandra, „haben es durch einen anonymen Brief erfahren, daß wir zusammen sind. Ihr Vater rannte mit einer Schrotflinte durchs Haus und schrie: ‚Die Weiber erschieß ich.' Inzwischen werde ich von ihren Eltern auch mal eingeladen, aber das ist immer sehr verkrampft. Neulich sagte die Mutter meiner Freundin zu uns: ‚Na, ihr zwei kleinen Mißgeburten!'" (Jetzt, Jugendmagazin der Süddeutschen Zeitung Nr. 14/95, S. 11)

Allerdings scheint die Zahl der Eltern bzw. Bezugspersonen zu wachsen, die die Entscheidung oder Orientierung ihrer Töchter akzeptieren können, nach dem Motto: „Tu, was dich glücklich macht." (ebd., S. 10) „Das ist aber auch kein Trost", sagt Julia, „meine Mutter sagte: ‚Du bleibst mein Kind, was auch passiert!' Das ist zwar gut und progressiv gemeint, klingt aber, als ob ich ein Verbrechen begehe, weil ich in eine Frau verliebt bin." (ebd.) „Ein homosexuelles Kind", ergänzt Gabi, „ist für Eltern nach wie vor eine mittlere Katastrophe, da können sie noch so liberal sein. Meine Eltern bringen das Wort ‚lesbisch' bis heute nicht über die Lippen." (ebd.)

Für die Entwicklung einer selbstbestimmten Identität sind Wahlfreiheit und eine Vielfalt von Vorbildern in der sozialen Begegnung wichtige konstituierende Faktoren. „Identitätsentwicklung", schreiben die Autorinnen des Buches zur lesbischen Mädchenarbeit *Eigentlich habe ich es schon immer gewußt* (Alltag 1996), „ist die Suche nach einem Selbstkonzept als Bild von sich selbst und dem eigenen Lebensplan, (sie) vollzieht sich immer im Eingebundensein einer Person in die Gesellschaft, in der sie lebt... im Zusammenwirken (mit) der Selbstwahrnehmung des eigenen (momentanen) Verhaltens sowie von anderen mitgeteilten Wahrnehmungen über eine selbst" (ebd., S. 23/24).

Diese Suche nach Identität, danach, sich mit sich selbst identisch zu fühlen, ist das Bestreben nach einer positiven Bewertung der eigenen Person, nach einem positiven Selbstwertgefühl. Die wichtigsten Bedingungen hierfür sind für lesbische Mädchen zum einen die Vermittlung positiver Vorbilder und zum anderen die Zuordnung bzw. Zugehörigkeit zu einer Gruppe junger Lesben, die gleiche Gefühle empfinden. Durch diese beiden Faktoren wird die herrschende Norm in ihrem Anspruch auf Allgemeingültigkeit sichtbar reduziert und lesbische Identität als existierende Gegennorm bestätigt und positiv besetzt. Die Eingebundenheit in die Gruppe stärkt Identität und Selbstbewußtsein und ermöglicht jungen Lesben, auch außerhalb der Gruppe selbstbewußt aufzutreten und ihre lesbische Identität auch dort aktiv einzubringen. Feministisch-lesbische Pädagogik eröffnet Räume für Mädchen, in denen sie die notwendige Anerkennung für selbstgewählte und als positiv erlebte Identitäten erhalten und soziale Einbindung erfahren, gerade in von der gesetzten Norm abweichenden Orientierungen und Identifizierungen.

• **Mädchen und junge Frauen mit verschiedenen Behinderungen**
Mädchen und junge Frauen mit verschiedenen Behinderungen wurden als wichtige Zielgruppe vor allem von Tina Kuhne, Initiative Münchner Mädchenarbeit, und Anneliese Mayer, damals Verein zur Förderung der Integration Behinderter, fib e.V., Marburg, Anfang der 90er Jahre verstärkt in der Mädchenarbeit zum Thema gemacht (vgl. Kuhne 1993, 1996, 1998, Mayer 1993, 1998). Mit dem sog. „Krüppeltribunal" 1981 in Dortmund war das Problem der Menschenrechtsverletzungen an behinderten Menschen und Verletzungen der Menschenwürde an behinderten Frauen in der Öffentlichkeit präsent geworden. Kuhne und Mayer gründeten in München einen Arbeitskreis „Arbeiten mit Mädchen und jungen Frauen mit unterschiedlichen Behinderungen", um mit Fachfrauen in der Behindertenhilfe und aus Mädchenprojekten einen mädchenpolitischen Ansatz zu entwickeln. Die Barrieren für die betroffenen Mädchen und jungen Frauen, am Regelangebot der Mädchenarbeit teilzunehmen, waren lange Zeit unbeachtet geblieben; es erforderte ein Konzept offensiven Einbezugs und spezieller Hinwendung zu den Mädchen mit ihren Interessen und Pro-

blemen, um sie zu erreichen. Voraussetzung der Hinwendung war für die Projekte u.a. eine räumliche Umgestaltung, um einen weitgehend barrierefreien Zugang zu ermöglichen. Vor allem aber ging es darum, von der Komm-Struktur abzugehen und die Mädchen und jungen Frauen da aufzusuchen, wo sie leben: in den Familien oder in den Einrichtungen der Behindertenhilfe.

Durch die enge Kooperation von Kuhne und Mayer mit Fachfrauen aus Einrichtungen, die mit behinderten Jugendlichen arbeiteten, gelang es, einen feministischen Ansatz zu entwickeln, der die jungen Frauen in ihren kreativen Fähigkeiten, in ihrem Recht auf Ausbildung und Beruf, in ihrem Interesse nach Kontakten untereinander, nach lustvollen Aktionen, nach Stärkung ihrer weiblichen Identität und nach Thematisierung des besonders hohen Ausmaßes an Gewalterfahrungen in Familie und Institutionen stärkte (vgl. Kuhne/Mayer 1998).

Mädchen und Frauen mit verschiedenen Behinderungen sind aufgrund ihrer zumeist extrem hohen Abhängigkeit von Bezugs- und Pflegepersonen in besonderer Weise von sexueller Gewalt betroffen, „denn die Strukturen, in denen viele Menschen mit Behinderung leben und arbeiten, begünstigen Mißbrauch und Gewalt" (Zinsmeister 2002, S. 1; vgl. Hermes 2001, Hartmann 2000, Mayer 1998), Fürsorge, Entrechtung, Bevormundung, Reglementierung, Angewiesenheit auf Hilfeleistungen, Isolation in Einrichtungen/Familien, Mißachtung ihrer Intimsphäre. Die Befragung von Aiha Zemp und Erika Pircher an 130 behinderten Frauen in Österreich, die 64 % Erfahrungen mit sexueller Gewalt, davon 41 % mehrfach ergab (Zemp/Pircher 1996), wurde mit einer deutschen Studie ergänzt, in der Mitarbeiterinnen in Einrichtungen der Behindertenhilfe zu 51 % angaben, daß es sexuelle Gewalt in ihrer Einrichtung gäbe (vgl. Hartmann 2000, Hermes 2001). Noch wesentlich stärker als nicht Behinderte haben behinderte Mädchen „durch die Erziehung vermittelt bekommen, daß sie passiv sein müssen, ‚lieb und brav'... ein Mädchen oder eine Frau hat zu erdulden und zu schweigen" (Mayer 1998, S. 44).

Mädchengruppen in den Einrichtungen verschaffen behinderten Mädchen einen Schonraum, in dem sie mit ihren Wünschen und Erfahrungen wichtiggenommen und gehört werden: „Die oft sehr intimen Erzählungen der Mädchen und jungen Frauen zeigen uns immer wieder, wie wichtig ein Schonraum für sie ist, in dem sie ohne Hemmungen von ihren Erfahrungen, Problemen, Vorstellungen und Fantasien berichten können." (Couppies/Achatz 1998, S. 81) Hier erleben sie sich als weibliche Wesen statt als Neutren, als die behinderte Frauen allgemein gesehen werden, sie erleben sich als Mädchen mit Behinderung statt als „behindert – besonderes Merkmal: Mädchen" (vgl. Mickler 1998, Ewinkel/ Hermes 1985).

Selbstbehauptung/Selbstverteidigung ist integrativer Bestandteil dieses Ansatzes und soll die Mädchen in Kontakt mit ihrer Kraft und ihren Abwehrpotentialen bringen sowie ihnen Handlungskompetenzen vermitteln, die ihnen sonst aufgrund ihrer Behinderung und ihres Geschlechts verweigert werden (vgl. Mickel 1998, S. 50). Die Holländerin Lydia Zijdel, die selbst behindert ist, hat ein eigenständiges Konzept für die Selbstverteidigung behinderter Mädchen und Frauen entwickelt, das an ihren jeweiligen Behinderungen ansetzt. Sie bildet Trainerinnen darin aus, behinderten Mädchen und Frauen „ihre Stärken sichtbar zu machen, die unmittelbar mit der Behinderung verbunden sind" (Mayer 1998, S. 45).

Neben der Entwicklung eines mädchenspezifischen Ansatzes in den Einrichtungen der Behindertenhilfe sehen es Kuhne und Mayer als notwendig an, auch Möglichkeiten zu schaffen, daß die Betroffenen die Einrichtungen verlassen und mädchenspezifische Veranstaltungen an anderen Orten besuchen können. Anneliese Mayer beklagte allerdings noch 1998, daß nur sehr wenige Frauen- und Mädchenprojekte in der Bundesrepublik behindertengerecht ausgestaltet sind, stellt dagegen fest, daß sich die Angebote in der Jugend- und Behindertenarbeit deutlich erweitert haben.

In dem Reader „Kissenschlacht und Minigolf" (Kuhne/Mayer 1998) taucht in den Berichten wiederholt eine Disco für Mädchen mit und ohne Behinderungen auf, die Tina Kuhne in der Initiative Münchner Mädchenarbeit initiiert hatte. Der Besuch dieser Disco war für die Mädchen und jungen Frauen mit Behinderungen offenbar ein herausragendes Ereignis jenseits der eingeschränkten Realität der Behindertenhilfe, ein Ereignis von Integration in die Normalität von Mädchen- und Frauenarbeit sowie eine Bestätigung des Rechts als Mädchen und Frau auf Spaß und Sinnlichkeit (vgl. Swars 1998).

Die zunehmende Organisierung behinderter Frauen in der BRD mit der Einforderung ihrer gesellschaftlichen Integration und der Bildung eigener Netzwerke sowie der Rahmen der Selbstbestimmt-leben-Bewegung korrespondierten mit dem Ansatz in der Mädchenarbeit (vgl. Ewinkel/Hermes 1985, Kuhne 1998, Mayer 1998). Die Rolle von Vorbildern für eine positive Bewältigung von Behinderung und die Entwicklung ihrer Fähigkeiten und Persönlichkeit sowie die dafür notwendige Präsenz von Frauen mit verschiedenen Behinderungen in allen Berufsbereichen wird besonders betont (vgl. Kuhne/Mayer 1998).

Im mädchenspezifischen Ansatz werden Mädchen und junge Frauen mit verschiedenen Behinderungen beim Abbau von Abhängigkeit und Zugewinn an Autonomie und Selbstbestimmung unterstützt. Parteilichkeit erwies sich hier in besonderer Weise als grundlegendes Arbeitsprinzip (vgl. Kuhne 1998b). In den gemischten Einrichtungen der Behindertenhilfe oder in „Sonderschulen" dominieren Jungen wie im Nichtbehindertenbereich die Kommunikation, es gelingt ihnen, die Aufmerksamkeit auf sich zu zentrieren (vgl. Swars 1998).

Ist die Verankerung eines mädchenspezifischen Ansatzes in der gemischten Jugendarbeit im Nichtbehindertenbereich schon ein Kampf, der bis heute nicht durchgängig erfolgreich durchgefochten wurde, so bedarf es in den Einrichtungen der Behindertenhilfe ganz besonderer Sensibilisierungs-, Qualifizierungs- und Durchsetzungsstrategien, um etwas voranzubringen. Die Arbeitsgruppe, die Kuhne und Mayer im Rahmen der IMMA gegründet und über Jahre hin angeboten hatten, war für die Initiierung und laufende Unterstützung von Gruppenangeboten und parteilicher Arbeit mit Mädchen und jungen Frauen in den Einrichtungen der Behindertenhilfe von hervorragender Bedeutung. Dies schlägt sich in dem genannten Reader nieder, in dem zahlreiche Erfahrungsberichte von Frauen zusammengetragen wurden. Der Arbeitskreis war für die meisten Mitarbeiterinnen der Einrichtung oft die einzige Möglichkeit des Austauschs und der fachlichen Begleitung ihrer Arbeit mit den Mädchen, denn innerhalb der Einrichtungen selbst wird sie nicht unbedingt gefördert: „Unsere parteiliche Arbeit mit den Mädchen steht oft im Widerspruch zu der konkreten Arbeit in den Heimgruppen." (Datz/Sieglreitmair 1998, S. 60)

In Zukunft gilt es, verstärkt Mädchen und junge Frauen mit Behinderungen in die Mädchenarbeit einzubeziehen, ihre Interessen zu berücksichtigen sowie Handlungs- und Entwicklungsräume für sie und mit ihnen zu schaffen. Diese Anforderung ergibt sich auch aus dem Bundesbehinderten-Gleichstellungsgesetz (BGG), das zum 1.5.2002 in Kraft getreten ist, die Benachteiligung behinderter Menschen im Kontakt mit Ämtern, Öffentlichkeit, Verkehrsmitteln oder Bauplanung beseitigen soll und ihren Anspruch auf barrierefreie Zugänge begründet (vgl. Zinsmeister 2002). Dieses Gesetz kann erhebliche Veränderungen zur Folge haben, wenn Menschen mit Behinderungen ihren Anspruch auf Präsenz in allen gesellschaftlichen Bereichen einfordern. Zinsmeister betont auch den persönlichen und gesellschaftlichen Gewinn, aus dem Umgang mit Behinderungen zu lernen, „wie vielfältig menschliches Leben sein und gestaltet werden kann... gesellschaftliche wie rechtliche Normen... zu hinterfragen und damit eine neue Vielfalt an Lebensmöglichkeiten und -qualitäten entdecken zu können" (ebd., S. 4; vgl. Couppies/Achatz 1998).

Aussagen über Wirkungen mädchenspezifischer Ansätze

Es gibt kaum Untersuchungen über die faktische Wirkung der mädchenspezifischen und Mädchengruppen-Arbeit auf die Mädchen selber. Eine der wenigen vorliegenden Studien ergab, daß mädchenspezifische Ansätze von den an ihnen teilnehmenden Mädchen und jungen Frauen (in Wiesbaden) generell positiv aufgenommen werden (Flaake, 1990). In besonderer Weise scheint dies für den reinen Mädchenraum zu gelten; über den Mädchentreff in Wiesbaden heißt es in dieser Studie: „Der Mädchentreff ist die einzige Einrichtung der offenen Jugendarbeit in Wiesbaden, in der sich die Arbeit der Mitarbeiterinnen ganz auf die Mädchen und ihre spezifischen Interessen, Wünsche und Probleme konzentrieren kann. Eine solche Akzentuierung schafft für die Mädchen sehr breite und umfassende Angebote und Lernmöglichkeiten. Beratungstermine zum Besprechen persönlicher Schwierigkeiten werden von ihnen ebenso genutzt wie Kurs- und berufsvorbereitende Angebote und Möglichkeiten zur Freizeitgestaltung.

Die Mädchen lernen in wachsendem Maß, sich den im Mädchentreff für sie gegebenen Freiraum durch die Artikulation eigener Interessen und Wünsche anzueignen. Als großer Erfolg wird von den Mitarbeiterinnen erlebt, daß die Mädchen im Laufe ihrer Beteiligung an den Angeboten des Mädchentreffs besser miteinander zurechtkommen: daß sie lernen, sich zu streiten, ohne sich zu zerstreiten, daß sie Differenzen untereinander nicht nur als störend, sondern auch als Bereicherung erleben können, daß sie Konflikte nicht nur indirekt, durch Intrigen und Klatsch, sondern durch offene Auseinandersetzung austragen können. Solche Lernprozesse unter Mädchen sind wesentliche Voraussetzungen für ein verändertes Verhältnis zur Weiblichkeit: Die Mädchen nehmen sich damit als Partnerinnen für Auseinandersetzungen ernst und lernen, sich aufeinander zu beziehen und sich damit unabhängig zu machen von männlichen Bewertungen und Wertschätzungen. Ein entsprechendes Selbstbewußtsein ist bei Mädchen, die den Mädchentreff regelmäßig besuchen, in wachsendem Maße feststellbar." (Flaake, 1991, S. 85)

Aber auch bei Mädchengruppenarbeit in koedukativen Einrichtungen stellte Karin Flaake in Wiesbaden fest, daß Eigenständigkeit und Selbstbewußtsein gestärkt werden, wenn ausreichend Zeit, eigene Räume und genügend Ressourcen zur Verfügung stehen und es gelingt, mit den Jungen dahingehend zu arbeiten, daß sie lernen, die Mädchen zu respektieren und ihre eigene Entwicklung machen zu lassen. Diese Bedingungen treffen bisher eher seltener zu, so daß auch viele Pädagoginnen aufgeben und sich aus der Mädchenarbeit im koedukativen Zusammenhang zurückziehen, weil die Frustrationen zu groß sind, wenn zuwenig Fortschritte erzielt werden.

Eine langfristige Wirkung der Angebote, die sich ausschließlich an Mädchen richten, beschreiben Möhlke/Reiter (1995) an folgendem Beispiel: „Durch Gespräche mit einigen der ersten Besucherinnen des Jugendzentrums erfuhr ich, daß diese beiden Gruppen für die Mädchen (Mädchengruppe und Fußballgruppe) unabhängig von Inhalt und Zielsetzung damals eine sehr wichtige Funktion hatten, denn noch immer sind es in ihrer Erinnerung Zeiten und Angebote, die ihnen ausschließlich zur Verfügung standen, in denen sie Akzeptanz erfuhren, Selbstwert erwarben." (ebd., S. 87)

Beeindruckend waren Erkenntnisse aus dem schulischen Bereich, in dem Frauen in den 80er Jahren viel über Veränderungen für Mädchen und junge Frauen nachgedacht hatten und eine Reihe modellhafter Maßnahmen begonnen wurde. Hierzu gehörte der Modellversuch „Förderung von Selbstfindungs- und Berufsfindungsprozessen von Mädchen in der Sekundarstufe I", der vom Sommer 1991 bis 1994 an den Haagener Gesamtschulen durchgeführt wurde (vgl. Steves u.a. o.J., Kampshoff 1994, Nyssen 1996). Im Lauf dieser Modellphase wurden die Mädchen drei Jahre in technischen und naturwissenschaftlichen Fächern ohne Jungen unterrichtet und anschließend mit den Jungen wieder zusammengeführt. Interessant war über die deutliche Verbesserung des Zugangs zu diesen Fächern und ihrer Leistungen hinaus, daß die Mädchen unter sich insgesamt besser und konzentrierter arbeiteten, selbstbewußter wurden und nach der Zusammenführung ihre in den drei Jahren Monoedukation gewonnenen Eigenschaften – engagiertes Arbeiten, höhere Leistungen – nicht verloren. Sie behielten sie als erhöhte Kompetenz bei und konnten sie im Umgang mit den Jungen einbringen, die ihrerseits davon profitierten. „Die bewußte Hinwendung zu den Mädchen und deren dadurch gesteigertes Selbstbewußtsein verunsichert das Selbstkonzept einiger Jungen und läßt sie... ihr Rollenverständnis in Frage stellen. Zumindest einige Jungen... haben ihr Sozialverhalten verbessert und akzeptieren die Grenzen anderer." (Nyssen 1996, S. 235)

Welche Möglichkeiten und Begrenzungen Mädchengruppenarbeit im koedukativen Rahmen einerseits und in autonomen mädcheneigenen Einrichtungen andererseits haben, arbeiteten Möhlke/Reiter in ihrer Studie heraus, die zwei entsprechende Einrichtungen miteinander vergleicht: den Mädchentreff Wiesbaden und die Mädchengruppenarbeit im geschlechtsgemischten Freizeitheim „Galatea" (Möhlke/Reiter 1995). Für die Arbeit im autonomen Mädchentreff wird hervorgehoben, daß Mädchen und junge Frauen in solch einer Einrichtung einen nahezu vollständigen Gegenentwurf zur allgemeinen, in der gemischten Jugendarbeit vorfindlichen Realität erleben können:

• durchgängige Parteilichkeit,
• Bestimmungsmacht ausschließlich von Pädagoginnen über alle Belange, alle Ressourcen und Abläufe im Projekt,

- Selbstbestimmung der Mädchen über ihre Lernprozesse,
- weitgehend ungestörte Entwicklungschancen,
- Schutz vor Gewalt, Übergriffen, Diskriminierungen und Beleidigungen durch Jungen und Männer,
- alleinige Verfügung über die Räume,
- Nutzung aller Ressourcen,
- Handeln der Pädagoginnen ausschließlich im Interesse der Mädchen und jungen Frauen,
- Unterstützung auf dem Weg zur Selbstbestimmung der weiblichen Identität,
- Thematisierung psychischer und sexueller Traumatisierungen,
- Einübung von bzw. Ermunterung zu Widerstand.

Im Vergleich berichtet die Pädagogin vom geschlechtsgemischten Jugendtreff, daß hier permanente Auseinandersetzungen um die mädchenspezifische Arbeit durchgestanden werden mußten. Die Pädagogin mußte einen hohen Einsatz an „Flexibilität, Spontaneität, Kraft, Mut, Kritik- und Streitfähigkeit, Toleranz nach allen Seiten" (ebd., S. 133) einbringen und sich zusätzlich noch Diskriminierungen, Bewertungen, Beleidigungen und Verfügungsansprüchen durch Jungen und männliche Mitarbeiter aussetzen.

Für die Mädchen, die in solch eine Einrichtung kommen, ist eine Pädagogin, die diese Situation aushält und parteilich zu ihnen hält, möglicherweise eine Orientierungsfigur hinsichtlich von Durchsetzung und Durchhalten, andererseits lernen sie Opferstrukturen, indem ihnen vorgelebt wird, auszuhalten statt Widerstand auszuüben.

Auf diese Weise werden die Strategien der Pädagoginnen, sich für die Interessen der Mädchen einzusetzen, ständig konterkariert und münden eher in eine Verfestigung der Geschlechtsrollenstereotype und der ungleichen Machtverteilung der Geschlechter als in ihre tendenzielle Aufhebung.

Mädchengruppenarbeit innerhalb eines koedukativen Rahmens kommt dann eine Pionierrolle von großer Bedeutung für neue Erfahrungen im Geschlechterverhältnis zu, wenn sie Gleichwertigkeit der Geschlechter systematisch fördert, am Beispiel der PädagogInnen vorlebt und damit für beide Geschlechter eine zentrale Sozialisationserfahrung ist. Dies setzt allerdings voraus, daß 50 % aller finanziellen Mittel, Räume, Zeit, Personal und Material für die

Interessen von Mädchen verwendet werden, wie feministische Pädagoginnen seit Mitte der 80er Jahre fordern (vgl. Bakarinow in *kofra* 13/1984). Eine zweite Voraussetzung wäre die Besetzung von Leitungspositionen ausschließlich mit Frauen zum Ausgleich der gegenwärtigen Situation, in der Männer fast alle Bestimmungsmacht über Ziele, Inhalte und Arbeitsformen der Jugendarbeit innehaben. Dadurch werden notwendige Veränderungsimpulse im Hinblick auf eine Neugestaltung konsequent zweigeschlechtlich konzipierter Jugendarbeit blockiert, Mädchengruppenarbeit bleibt lediglich eine Zusatzleistung der Pädagoginnen.

Die Chancen für Mädchen durch die Nutzung mädchenspezifischer Angebote auch im koedukativen Kontext liegen grundsätzlich in einem Zuwachs an Sicherheit und Selbstbewußtsein, das betonen auch Möhlke/Reiter trotz der beschriebenen Einschränkungen: „Und immer mehr Mädchen trauen sich, ihr Recht und ihren Platz auch an den allgemeinen Öffnungstagen geltend zu machen" (Möhlke/Reiter, S. 101).

Ulrike Graff überprüfte in ihrer Untersuchung, ob das für parteiliche Mädchenarbeit zentrale Ziel der Selbstbestimmung tatsächlich erreicht wird. Sie definiert das Ziel des Mädchenprojektes in Bielefeld, dessen Besucherinnen sie interviewte, folgendermaßen: „Der Mädchentreff will... ein Freiraum für Mädchen sein, den sie selbst gestalten, wo sie mit ihren Fähigkeiten und Vorlieben im Mittelpunkt stehen. Sie sollen selbst, ohne direkten männlichen Einfluß entscheiden können, was sie machen, wer und wie sie sein wollen. Damit soll ein Prozeß von Selbstbestimmung unterstützt werden, der über die Einschränkungen traditioneller Rollenzuschreibungen hinausgehen kann." (Graff 1999, S. 10)

Ulrike Graff fand heraus, daß das Zusammensein das wichtigste Motiv für den Besuch des Mädchentreffs und für die Mädchen auch die wichtigste Erfahrung ist (ebd., S. 63; vgl. Schön 1999, Stengelin/Weiß 1995). Des weiteren spielen die parteiliche Haltung, mit der die Pädagoginnen ihnen begegnen, die Hilfestellung, die sie bei Bedarf erhalten, und ein offenes, nicht verpflichtendes Angebot eine bedeutende Rolle für ihre Motivation, in den Treff zu gehen: „(es) wird deutlich, daß die Mädchen es als besonders und ungewöhnlich zu schätzen wissen, wenn ihnen mit einer Haltung begegnet wird, die das aufnimmt und ernst nimmt, was sie mitbringen, und ihnen dafür Entfaltungsmöglichkeiten bietet. Offene Mädchenarbeit als mädchenbezogene Geselligkeit und Kultur ist neu: Mädchen haben Raum, sich zu treffen, ohne etwas lernen zu müssen, ohne sich mit Problemen beschäftigen zu müssen, und sie können kommen und gehen, wann sie wollen." (Graff 1999, S. 58)

In den Interviews wird wiederholt die Rolle der Pädagogin und der Atmosphäre im Mädchenprojekt betont, in der sich das Mädchen akzeptiert und ernstgenommen fühlt. „...Ich hatte keine anderen Freundinnen. Ich hatte eigentlich schon andere, aber die wollten eigentlich nichts so mit mir zu tun haben, weil die Klassengemeinschaft, also da fühlte ich mich eigentlich auch immer ziemlich ausgesperrt. Also hier ist es ganz anders gewesen. Da konnte man alles sagen. Hier haben sie einen akzeptiert, nicht so wie in den anderen Bereichen. Da kam ich mir ziemlich leer vor, wenn ich woanders war. Und hier wurde man für voll genommen. Hier war es einfach, die Atmosphäre war super, man hat sich super verstanden. Das war ein Ort, da konnte man immer hingehen, außer das Wochenende halt. Das hat einen aufgebaut. Man wußte, man kann da hingehen, und die verstehen einen dann wahrscheinlich auch, die kennen sich da ja schon mit aus, können vielleicht auch 'nen Ratschlag geben, vielleicht geht's dann besser und so." (ebd., S. 57)

Der Pädagogin kommt dabei eine entscheidende Rolle zu. Deren Erwartungen nehmen die Mädchen sehr genau wahr und finden heraus, was sie ihrerseits von ihr erwarten können. Ulrike Graff stellt fest, daß die Mädchen genau darauf achten, daß die Pädagoginnen keine Eingriffe in ihre Selbstbestimmung vornehmen. Sie akzeptieren die hierarchische Position der Pädagogin, erwarten aber die Offenlegung von Regeln und Machtbefugnissen und die Möglichkeit einer Auseinandersetzung hierüber. Als wesentliches Ergebnis ihrer Studie formuliert Graff, „daß die Mädchen sagen, sie fühlen sich im Mädchentreff so akzeptiert, wie sie sind. Dieses Akzeptieren geht für sie darüber hinaus, was sie in Schule oder Freizeit erleben: Sie fühlen sich ernstgenommen, sowohl mit ihren Bedürfnissen nach ‚Abhängen, Spaß, Rumflippen', als auch mit Anliegen und Problemen, die sie außerhalb des Mädchentreffs haben. Dabei ist entscheidend, nicht danach beurteilt zu werden, was ein richtiges Mädchen macht. In der

Anerkennung der Vorlieben und Neugierden müssen sie nicht mit Jungen konkurrieren." (ebd., S. 129)

Die konkreten und langfristigen Auswirkungen geschlechtsspezifischer Arbeit auf die Mädchen sind für die Pädagoginnen allerdings oft nicht einschätzbar oder nur vermittelt erfahrbar, wie in folgender Aussage deutlich wird: „Also wenn ich dann wieder von irgendwelchen Jungs höre, hey Mann, mit der kannst du auch nicht mehr umgehen, die ist voll die Emanze geworden, dann finde ich das natürlich schon geil, wenn ich auch weiß, daß es für die Mädchen oft schwieriger wird, als es vorher war." (Hermann 1998, S. 217) Am ehesten ist die Auswirkung von Hilfestellungen im schulischen und beruflichen Bereich erkennbar, wenn die Mädchen weiterführende Schulen besuchen oder eine Berufsausbildung beginnen (vgl. ebd., S. 218).

In der geschlechtsgemischten Einrichtung ist die flexible Reaktion auf rasch wechselnde Bedürfnisse und Interessen der Mädchen entscheidend dafür, ihnen Raum zu geben und sie machen zu lassen, „wozu sie Lust haben", was jedoch eine Planbarkeit des Angebots, die Erwartung regelmäßiger Teilnahme ausschließt. In dieser Orientierung an spontanen Bedürfnissen kann „Widerstand gegen den reglementierten Alltag" (ebd., S. 205) gesehen werden, dem Mädchen oft in ihren Familien ausgesetzt sind.

Wirkungen von Mädchenarbeit in ausgewählten Angeboten

Im Rahmen der Erfahrungen einer Mädchen-Musikwerkstatt (Reutlingen) wird deutlich, wie sehr eine spezifische Förderung von Mädchen und jungen Frauen in der Ausübung ihres Musikinteresses und ihrer musikalischen Fähigkeiten bisher fehlt. Hier wird herausgearbeitet, wie im Musikbereich „sich vor allem männliche Menschen ihre musikalischen Ausdrucksmöglichkeiten (organisieren)" (Zeppenfeld 1999, S. 93) und die Zugangswege für junge Frauen blockieren. Die Notwendigkeit eines geschlechtsspezifischen Angebots liegt auf der Hand, von daher verwundert es nicht, daß das Angebot bei Mädchen und jungen Frauen auf großes Interesse traf und es möglich wurde, mehrere Bandkonstellationen bis zu öffentlichen Auftritten zu begleiten.

Ein Teilnehmerin des Projekts beschreibt ihre Erfahrung mit der geschlechtshomogenen Arbeit folgendermaßen: „Ohne Jungs ist man irgendwie viel lockerer... weil Jungs, die spielen immer so Macho, überhaupt, und Mädchen sind dann irgendwie viel verklemmter – ist auch in der Klasse so." (ebd., S. 93)

Sich auf einem männerdominierten Terrain mit ihrer Musik zu behaupten und mit der Mädchenband eine eigene Öffentlichkeit zu schaffen, wurde von den beteiligten jungen Frauen als besonders große Befriedigung erlebt:

- „Sich als Frau trauen, rauszukommen und sich einen Traum erfüllen, unabhängig von Männern. Das heißt, nicht das Anhängsel einer Männerband zu sein, die ihren Stiefel durchzieht...
- Selbstbewußtsein gewinnen durch die Einnahme von Räumen, die früher nur Männern zugänglich schienen; Vergnügen, Freizeit, Erholung, Entspannung im Freiraum.
- Es ist ein Glück, diese Art von Ausdrucksmöglichkeit zu haben, auf den Bühnen unserer Welt. Gerade als Frau. Männer haben mehr Möglichkeiten, von klein auf sich in Szene zu setzen und tun dies auch." (ebd., S. 94)

Gabriele Heinemann (2000) stellt überzeugend ihren Ansatz im Mädchentreff MaDonna in Berlin-Neukölln, dem ärmsten Bezirk der Stadt, dar, den sie vom Bildungskonzept weg hin zu einer Förderung von Mädchenkultur und politischer Einmischung im Stadtteil entwickelte. Entsprechend den Beobachtungen von Elke Schön (2000) entdeckten die Mitarbeiterinnen im Hinausgehen über den Rahmen des Mädchentreffs selbst die Cliquen und Plätze, in denen sich Mädchen zusammenfinden und erreichbar sind. Durch die Einbeziehung junger Frauen aus dem Kiez als Arbeitskräfte holten sie Sachkundige über das Viertel sowie Bezugspersonen für Mädchen im Stadtteil in das Projekt hinein. Mit mobilen Angeboten gehen sie in den Stadtteil hinaus und unterstützen Mädchen in der Aneignung öffentlichen Raums, politischer Partizipation zur Gestaltung des Viertels und der Nutzung der Spiel- und Sportanlagen. Auch in aktiver Auseinandersetzung mit und Behauptung gegen Provokationen und Dominanzgesten sowie unerwünschter Anmache von Jungen werden sie unterstützt. „Um sich im Stadtteil neues Terrain zu erschließen, brauchen die Mädchen die tatkräftige Unterstützung und aktive Einmischung der Pädagoginnen. Gefragt ist deren Bereitschaft, mitten im Getümmel mitzumischen und mit den Mädchen möglichst geschickte und kreative Wege der Durchsetzung, Interessensvertretung und Konfliktlösung zu entdecken." (Heinemann 2000, S. 202) Es gelang, daß sich die Mädchen im Stadtteil bemerkbar machten, sich gegenüber den Jungen durchsetzten, sich an öffentlichen Diskussionen beteiligten und durch die Stärkung ihrer sozialen und kommunikativen Kompetenzen sogar zur Gewaltprävention beitragen konnten.

Funk/Möller (in Böhnisch u.a. 1995) evaluierten die Mädchenarbeit, die im Rahmen des Mädchen-Förderungsprogramms des Kinder- und Jugendplans in der ersten Hälfte der 90er Jahre durchgeführt worden war mit dem Auftrag, innovative Entwicklungen und Beiträge zur Weiterentwicklung der Jugendhilfe herauszuarbeiten. Sie ziehen aus ihren Erfahrungen das Resümee: „Eine Neuentwicklung passiert dort, wo Mädchen für sich die Verantwortung für die Einrichtung übernehmen... wo sie selbst zu Expertinnen werden." (ebd., S. 92) Das heißt, die Übertragung der Initiative auf die Mädchen ist für einen innovativen Ansatz in ihrem Interesse entscheidend.

Ein mädchenspezifisches Angebot auf einem Abenteuer-Spielplatz z.b. erweiterte die Beteiligung der Mädchen sowie die Artikulation ihrer Interessen und bedeutete einen Zuwachs an Selbstbewußtsein; eine Pädagogin formuliert: „Die sind mehr geworden, die sind manchmal ziemlich in der Überzahl, aber es sind mehr geworden, und sie sind lauter geworden, also viel lauter geworden, was manchmal auch sehr störend ist, klar, aber sie formulieren das, was sie wollen, und wenn es halt auch das Stören der anderen erst mal ist, das macht sich schon sehr deutlich... bemerkbar, aber ich denke, für die hat das schon mehr irgendeine Form von Selbstbewußtsein gebracht, und sie werden halt auf dem Spielplatz beneidet, gerade von den Jungs auch im gleichen Alter, und das genießen sie total." (ebd., S. 93)

Mädchen, die die Unterstützung einer Zufluchtstelle in Anspruch genommen hatten, erklärten, daß ihre Stärken und eigenständigen Leistungen gewachsen sind, weil „sich andere für mich stark gemacht haben" (ebd., S. 105). „ Ich bin gekommen, ich habe mich nicht getraut, etwas zu sagen, ich war eine kleine verschüchterte Maus, und ich kann jetzt nein sagen. Ich habe gelernt zu sagen, was ich will. Ich habe gelernt, mich zu streiten." (ebd.)

Das sexual- und gesundheitspädagogische Modellprojekt „Mädchen-Gesundheitsladen" in Stuttgart greift die Bedürfnisse von Mädchen nach Information und Aufklärung über Fragen von Körper, Sexualität und Gesundheit mit einem mädchenspezifischen Angebot für Beratung und Gruppenarbeit auf. Der Laden wird in hohem Maß in Anspruch genommen als entlastende Gelegenheit, Fragen zu stellen und Antworten zu finden, die im sozialen Kontext vielfach noch tabuisiert sind. Dieses Angebot leistet einen besonderen Beitrag zur Prävention

- einer krankmachenden Orientierung an Schönheitsnormen,
- einer Sexualität, die sich versteht als Anpassung an Bedürfnisse von Jungen und Männern und eigenständiges lustvolles Erleben unterdrückt/überlagert,
- von Sexualängsten und Duldung sexueller Übergriffe infolge des Mangels an Aufklärung,
- von Menstruationsbeschwerden als Ausdruck unsicherer oder negativer Haltung zur Weiblichkeit,
- frühzeitiger ungewollter Schwangerschaften, ebenfalls infolge eines Mangels an Aufklärung und infolge von Unsicherheit im Umgang mit dem anderen Geschlecht,
- von Medikamenten- und Drogenmißbrauch,
- von Erkrankungen wie insbesondere Aids,
- einer Fixierung auf körperliche Schönheit als Machtfaktor infolge cines gespürten Mangels an anderen Machtformen,
- von Eßstörungen und deren Verinnerlichung in Körper und Seele,
- einer negativen, ablehnenden Haltung gegenüber dem weiblichen Körper, wenn er als Verfügungsobjekt erfahren wird,
- der Verleugnung homosexueller Gefühle (vgl. Preiß u.a. 1996).

Als präventives Angebot mit niedrigschwelligem Zugang wäre diese gesundheitliche und zugleich gesundheitspolitische Arbeit sinnvoll und notwendig für alle Regionen.

Exkurs 1
Zur strukturellen Verankerung der Berücksichtigung von Mädcheninteressen in der Jugendhilfe

Die Handlungsmöglichkeiten des KJHG

Pädagoginnen und engagierte Politikerinnen waren es leid, ständig um einzelne Maßnahmen der Mädchenförderung zu kämpfen. Sie forderten deren strukturelle Verankerung innerhalb der Jugendhilfe. Nach der Aufforderung des 6. Jugendberichts, Jugendhilfe mädchengerecht zu organisieren, war die Reformierung des Kinder- und Jugendhilfegesetzes und hier vor allem der § 9 Abs. 3 Anfang der 90er Jahre der bisher wichtigste Schritt, um die geschlechtsspezifische Differenzierung in die Jugendhilfe einzuführen.

Infolge der Generalklausel, die den Abbau geschlechtsspezifischer Benachteiligung fordert, wurde Geschlechterdifferenzierung in den einzelnen Paragraphen des Kinder- und Jugendhilfegesetzes allerdings nicht weiter ausgeführt, so daß es den Fachkräften in den verschiedenen Handlungsbereichen der Jugendhilfe überlassen blieb, mädchen-(und jungen-)spezifische Perspektiven einzubringen und umzusetzen. Nachfolgende Jugendberichte unterstrichen wiederholt den Handlungsbedarf hinsichtlich der Beachtung mädchen- und frauenspezifischer Ansätze und forderten entsprechende Förderung und strukturelle Verankerung:

- „Die Einsicht hat an Bedeutung gewonnen, daß es nicht nur darum gehen kann, immer wieder neue ‚Sondertöpfe' für Mädchenarbeit zu bekommen, sondern darum, in den bestehenden Organisationen oder Einrichtungen einen angemessenen Teil der Ressourcen für Mädchen- und Frauenarbeit zu verwenden." (8. Jugendbericht 1990, S. 114)
- „Kommunalpolitische Initiativen im Sinne einer engagierten Politik und offensiven Jugendhilfe im Interesse von Mädchen und jungen Frauen, die eine strukturelle Verankerung bewirken und nicht nur an einzelnen Mädchenprojekten orientiert sind, sollten besonders gefördert werden." (10. Jugendbericht 1998, S. 226)

- „Die Aufgabe der Kinder- und Jugendhilfe ist... die geschlechtsgerechte Ausgestaltung ihrer eigenen Angebote und Einrichtungen ebenso wie die Wahrnehmung öffentlicher Verantwortung
mit dem Ziel der Gleichberechtigung... Die Kinder- und
Jugendhilfe hat diese Aufgabe in ihren Grenzen bis heute nur
unzureichend gelöst... Aus Sicht der Kommission müssen
geschlechtsgerechte Ansätze, Projekte und institutionelle Maßnahmen und Einrichtungen der Mädchen- und Jungenarbeit in
allen Handlungsfeldern gefördert und evaluiert werden." (11.
Jugendbericht 2002, S. 252)

Die Erfahrungen in den ersten Jahren nach dem Inkrafttreten des
Kinder- und Jugendhilfegesetzes zeigten, daß – wie zu befürchten
war – die Umsetzung des § 9, 3 kaum beachtet wurde und er daher
in seiner Querschnittsfunktion weitgehend bedeutungslos blieb
(vgl. Heiliger 1993). Daraufhin begannen Pädagoginnen und Forscherinnen die Beachtung des Paragraphen einzufordern und
seine konkrete Umsetzung für alle Bereiche des Kinder- und
Jugendhilfegesetzes zu formulieren (vgl. Kuhne 1992, Heiliger
1993, Funk 1993, Hard 1993). In Arbeitskreisen und auf Fachtagun-
gen qualifizierten sich die Frauen in konkreten Fragen der Um-
und Durchsetzung des § 9, 3 in der Praxis der Jugendhilfe und
beteiligten sich an den Gremien, in denen die Umsetzung des
Kinder- und Jugendhilfegesetzes diskutiert und geplant wurde.

Zunächst ging es darum, sich in die Ausgestaltung der Länder-
ausführungsgesetze zum KJHG einzubringen, die die Chance
boten, konkrete Handlungsrichtlinien festzuschreiben, wie die geschlechtsspezifische Differenzierung im Jugendhilfealltag einzulö-
sen ist. Die Gründung von Arbeitsgemeinschaften nach § 78 des
Kinder- und Jugendhilfegesetzes erwies sich als wichtiger strategi-
scher Schritt, um eine anerkannte Beteiligung von Pädagoginnen
an den Gremien und Planungen des Kinder- und Jugendhilfegesetzes zu erreichen und eine formale Basis zu schaffen, ihr
Wissen über die Lebensrealität von Mädchen einzubringen und die
Interessen von Mädchen fachpolitisch vertreten zu können.

Die nach § 80 KJHG zu erstellenden kommunalen Jugendhilfe-
pläne waren die nächste Herausforderung zur Verankerung von
Mädcheninteressen in der Gesamtplanung der Jugendhilfe. Die
Tübinger Forschungsgruppe um Edda Rosenfeld erarbeitete im

Auftrag des Landes Baden-Württemberg ein Modell zur Einbringung der Geschlechterperspektive in die Jugendhilfeplanung (vgl. Bitzan/Daigler/Rosenfeld 1995, Bitzan 1999, 2000). Sie setzte sich zum Ziel, die Bedingungen mädchengerechter Jugendhilfeplanung zu erforschen und zu erproben, beispielsweise den Zugang zu Mädchen zu finden, um ihre Beteiligung an der Planung zu sichern und ihre Interessen sichtbar zu machen (vgl. Daigler/Hilke 1997).

Claudia Wallner erarbeitete sich in der Frage mädchengerechter Jugendhilfeplanung einen Expertinnenstatus, beriet einzelne Kommunen bei der Lösung dieser Aufgabe und veröffentlichte zur Orientierung für weitere Regionen mehrere Handbücher (vgl. Wallner 1994, 1995, 1996, 1997, 1998, 2001).

Mädchenpolitische Bündnisse auf kommunaler und Landesebene (z.B. LAG Mädchenarbeit in NRW, in BW, in Sachsen usw.) und zuletzt auf Bundesebene (BAG Mädchenpolitik) stellten zur Weiterentwicklung der Fachlichkeit und als politisches Instrumentarium zur strukturellen Absicherung in der Mädchenarbeit bzw. des Geschlechteraspekts in der Jugendhilfe Vernetzungsstrukturen her.

Nordrhein-Westfalen kann als Vorreiter in bezug auf eine mädchengerechte Jugendhilfeplanung angesehen werden. Hier gelang es, die bundesweit wirkungsvollste Vernetzung zwischen Mädchenprojekten/Mädchenarbeiterinnen herzustellen und im Landesjugendplan eine Richtlinie zu verankern, die in der offenen Jugendarbeit Maßnahmen und Einrichtungen der Mädchenarbeit mit „herausragender Bedeutung" fördert. Damit verfügt Nordrhein-Westfalen als einziges Bundesland bisher über eine strukturelle Verankerung der Förderung mädchen-(und jungen-)spezifischer Leistungen als vorrangigem Ziel der landesweiten Jugendpolitik (vgl. Chwalek 2000, Wallner 2001).

Das Instrument der Leitlinien zur Förderung der Mädchenarbeit

In Frankfurt wurden die ersten Leitlinien zur Förderung der Mädchenarbeit erarbeitet, die für die offene Jugendarbeit konkrete Vorgaben für gleichermaßen auf beide Geschlechter verteilte Ressourcen als Bedingung für die Vergabe kommunaler Zuschüsse an öffentliche und freie Träger machten (vgl. Klose/Weißmann 1996, Weißmann 2001). Die Leitlinien wurden 1995 vom Jugendhilfeausschuß der Stadt Frankfurt beschlossen. „Damit sind die Frankfurter Leitlinien nun für die Arbeit des Jugendamtes, der freien Träger der Jugendhilfe, wie auch für die Ausgestaltung der politischen Arbeit und Entscheidungen des Magistrats verbindlich." (Klose/Weißmann 1996, S. 76) Diesem Beispiel folgten Stuttgart, Freiburg, Bremen, München, Bielefeld, Wuppertal, Hildesheim, Köln, Oberhausen, Aachen, Gladbeck, Leverkusen, Düren, Herford u.a. (vgl. Fuma e.V. 2001, Wallner 1997).

Acht Kommunen allein in NRW haben kommunale Leitlinien zur Mädchenförderung erlassen oder entworfen, die in einer Handreichung von Wallner (2001) in ihrer Entstehung und Auswirkung zusammenfassend dargestellt werden. Die Ziele dieser Leitlinien verfolgen demnach

1) eine strukturelle Absicherung von Mädchenarbeit,
2) Verbindlichkeit von Standards in der Mädchenarbeit,
3) Qualifizierung der Jugendhilfe im Hinblick auf Geschlechtsspezifik.

Initiiert wurde der mädchen- und jugendhilfepolitische Prozeß in der Regel von Frauenbeauftragten und Mädchenpädagoginnen, die den Prozeß auch weiterhin begleiteten und die Maßnahmen erarbeiteten. Die Leitlinien fungieren als Instrumente zur Umsetzung der Querschnittsaufgabe geschlechtsspezifischer Differenzierung in der Jugendhilfe. Den Hintergrund bildet die Analyse der einzelnen Leistungsbereiche der Jugendhilfe hinsichtlich angemessener Berücksichtigung der Interessen und des Hilfebedarfs von Mädchen als Regelmaßnahme.

Bei der Durchsicht der Leitlinien in Nordrhein-Westfalen wurden die Grenzen der Durchsetzbarkeit des geschlechtsspezifischen Ansatzes an der Bereitstellung von Mitteln deutlich: „Es ist auffällig, daß sich in den Leitlinien keine Vereinbarungen finden, die den öffentlichen oder freien Träger verpflichten, Geld für die Belange von Mädchen und jungen Frauen... zur Verfügung zu stellen." (Wallner 2001, S. 39)

Hinsichtlich der Wirkungsweisen der Leitlinien sind Aussagen vor allem aus den Städten Frankfurt und Bielefeld möglich, in denen Verabschiedung und Inkrafttreten der Richtlinien bereits einige Jahre zurückliegen (Bielefeld 1997, Frankfurt 1994). In diesen Städten besteht ein wesentlicher Effekt der Leitlinien darin, daß die Notwendigkeit von Mädchenarbeit/geschlechtsspezifischer Arbeit in der Jugendhilfe nicht mehr strittig ist und nicht mehr begründet werden muß. Das verweist auf die vorherige Situation, in der Pädagoginnen unter hohem Rechtfertigungsdruck standen und ständig Überzeugungsarbeit leisten mußten. Mädchenarbeit „ist politische Zielvorgabe, inhaltlich, materiell, personell und organisatorisch definiert, und es ist zur Selbstverständlichkeit bei den Trägern und Einrichtungen geworden, daß diese Vorgaben umzusetzen sind", formuliert Caudia Wallner (2001, S. 68/69), und Beate Weißmann ergänzt: „Heute gilt Mädchenarbeit/geschlechtsbewußte Arbeit in der Fachdebatte als inhaltliches Qualitätskriterium." (Weißmann 2001, S. 85)

Die Bestandssicherung der bestehenden Mädchenarbeit, ihre Ausweitung in bis dahin nicht erschlossene Bereiche sowie eine Erhöhung der fachlichen Qualität in der Mädchenarbeit insgesamt werden als weitere wesentliche Wirkungen der Leitlinien benannt (vgl. Wallner 2001).

Mittel zur Überprüfung der Umsetzung mädchenspezifischer Jugendhilfe, respektive der Einlösung der Leitlinien, ist der Nachweis entsprechender Arbeit in den Verwendungsnachweisen und Sachstandsberichten und die damit gegebene Möglichkeit, Zuschüsse an die Erfüllung der Vorgaben zu binden. Eine Quotierung der Mittel (1/3 der Sach- und Honorarmittel für Mädchen) wird in Frankfurt daher auch als entscheidendes Instrument beurteilt, das zur Intensivierung und Ausweitung der Mädchenarbeit geführt hat. Wallner spricht von einer „breiten Qualifizierungsoffensive" (2001, S. 81), die durch die Leitlinien in der gesamten Jugendhilfe ausgelöst worden sei; Weißmann sieht in der Verankerung mädchenspezifischer Arbeit in der Jugendhilfe einen „Perspektivenwechsel in der Jugendhilfe" (Weißmann 2001, S. 85).

Einigkeit besteht darin, daß die Leitlinien ihre Ziele „erst dann in Gänze erreicht (haben werden), wenn Mädchenarbeit in allen Leistungsbereichen (der Jugendhilfe) integrierter Bestandteil sein wird, der von den AkteurInnen selbst getragen wird, ohne daß es dauernder Initiativen und Kontrollen... bedarf" (Wallner 2001, S. 73).

In bezug auf eine Jugendhilfeplanung, die in alle Leistungsbereiche hinein eine geschlechtsspezifische Differenzierung und
Mädchengerechtigkeit erarbeitete, gilt Hildesheim bisher als vorbildhaft. „Es handelt sich... um den bundesweiten ersten Planungsprozeß der Jugendhilfe, in dem explizit und durchgängig die
Interessen, Bedürfnisse und Lebenslagen von Mädchen und jungen Frauen beachtet wurden und dies entsprechende Auswirkungen auf die Gestaltung des Prozesses, der Struktur und der...
Inhalte hatte." (Wallner 1997, S. 139)

Für die Arbeitsfelder Jugendhilfe, Jugendarbeit, Jugendsozialarbeit, erzieherischer Kinder- und Jugendschutz, Förderung der
Erziehung in der Familie, Förderung von Kindern in Tageseinrichtungen und Tagespflege sowie Hilfen zur Erziehung wurden
vier Planungsgruppen gegründet sowie vier Arbeitsgruppen der
freien Träger, aus denen jeweils eine Mitarbeiterin in die Arbeitsgruppe „Mädchen in der Jugendhilfe" entsandt wurde, deren
Diskussionen und Arbeitsergebnisse – zur Bestandserhebung der
Angebote und Maßnahmen der Jugendhilfe, zu fachlichen Standards in der Mädchenarbeit, zu Lebenslage und Lebensthemen
von Mädchen und ihren Bedürfnissen – in die acht Planungsgre-
mien zurückgetragen und somit in der Breite vermittelt wurden.

Kritische Stimmen beklagten allerdings die hohe Arbeitsbela-
stung der Pädagoginnen im Lauf dieses Prozesses, die Begrenzung
der Planungsideen in der finanziellen Realisierbarkeit, eine „Pseu-
dowichtigkeit der pädagogischen Fachkräfte" und „Augenwische-
rei" bezüglich der Bedeutung der Beteiligung von Mädchen, die im
Endeffekt nicht ausreichend Beachtung gefunden hätten (vgl.
Wallner 1997, S. 206).

Ein kritischer Blick auf Aussagen des Frankfurter Instituts für Sozialarbeit und Sozialpädagogik (ISS)

Mitte der 90er Jahre griff eine Mitarbeiterin des ISS in Frankfurt die
bis dahin geleistete Arbeit zur Sensibilisierung und Qualifizierung
der Jugendhilfe hinsichtlich der Geschlechterfrage äußerst heftig
an (Bohn 1996). Da dieser Angriff im Rahmen der Veröffent-
lichungsreihe des BMFSFJ publiziert wurde, erhielt er einen quasi

offiziellen Stellenwert, was in bezug auf seine Inhalte sehr verwunderte und erhebliche Irritationen unter den engagierten Pädagoginnen und Forscherinnen auslöste. Auch wenn dieses Ereignis einige Jahre zurückliegt, soll es nicht unkommentiert bleiben, denn es drückt eine Haltung aus, an die Argumentationen neueren Datums z.b. von Meyer/Seidenspinner (1999) anschließen – vor allem in bezug auf den antifeministischen Einschlag, der den Autorinnen gemeinsam ist.

Den in den Auseinandersetzungsprozessen um die Jugendhilfe aktiven Frauen wurden von Bohn ideologische Verhaftungen vorgeworfen, weil sie sich auf die Durchsetzung mädchenspezifischer Ansätze konzentrierten und eine zu geringe Bereitschaft gezeigt hätten, mit den Gremien der Jugendhilfe zu kooperieren. Die hohe Bedeutung diskriminierender, benachteiligender und abwertender Erfahrungen für das Leben von Mädchen und Frauen wird bestritten, die erarbeiteten Handlungsvorschläge werden torpediert. Beispielsweise wird es als „Karikatur der eigenen Professionalität" (Bohn 1996, S. 3[16]) bezeichnet, wenn Fachfrauen Vernetzung zur Selbstvergewisserung und Wertschätzung in der gesellschaftlichen Situation als Frau empfehlen. Als „bürokratisches Ungeheuer" (ebd.) wird die erstmals in den Frankfurter Leitlinien zur Förderung der Mädchenarbeit zur Auflage gemachte Drittelung der Ressourcen in der Jugendarbeit für mädchenspezifische, respektive an den Interessen von Mädchen orientierte Arbeit bezeichnet und damit versucht, diese Maßnahme ins Abseits zu stellen.

Die vorherigen Arbeiten der Pädagoginnen und Forscherinnen werden verfälscht und lächerlich gemacht. Als „gesondert angelegte mädchengerechte Jugendhilfeplanungen" werden diese Bemühungen negativ konnotiert und als „Mädchenplanung" nicht nur falsch tituliert, sondern auch diffamiert. Tatsächlich zeigt die vorliegende Literatur über eine mädchengerechte Jugendhilfeplanung gerade umgekehrt die Bereitschaft der Akteurinnen, sich auf allen Planungsebenen zu beteiligen und zu kooperieren (vgl. Wallner 1996, Bitzan 1999, Bitzan/Daigler/Rosenfeld 1999). Die Anstrengungen richteten sich immer auf das Ziel, den geschlechtsspezifischen Aspekt möglichst in alle Leistungsbereiche der

16 Im Begleitwort von Prof. Dieter Kreft und Irina Bohn.

Jugendhilfe hineinzutragen und ihn am Beispiel der weit entwickelten Mädchenperspektive und den vielfältigen Erfahrungen aus der Mädchenpädagogik auszuführen – zunehmend in Ergänzung um die Jungenperspektive, die sich von Seiten männlicher Pädagogen allmählich zu entwickeln begann.

Mit der Diffamierung der geleisteten Arbeit unterschlägt Bohn auch die unzweifelhaften Erfolge in der Qualifizierung der Jugendhilfe hinsichtlich der Geschlechterperspektive. Mit der mehrfach hervorgehobenen Bezeichnung „gesondert angelegte mädchengerechte Jugendhilfeplanung" (ebd., S. 10-12) verwechselt Bohn das berechtigte Anliegen, Mädchenrealität und -bedürfnisse durch Forschung und Beteiligung sichtbar zu machen und damit in die Planung einfließen zu lassen. Die Gründung von Arbeitsgruppen nach § 78 KJHG, die Erarbeitung von Grundlagen und Erhebung von Daten hatte zum Ziel, die am Planungsprozeß beteiligten Personen zum Thema Mädchengerechtigkeit und Lebensrealität von Mädchen zu sensibilisieren und zu qualifizieren.

In Abgrenzung gegen „das Postulat der generellen Benachteiligung", das Bohn den engagierten Fachfrauen unterstellt, plädiert sie für eine „zielgruppendifferenzierte Sichtweise auf die Lebensbedingungen von Mädchen und jungen Frauen" (ebd., S. 13), da Mädchen nicht generell in allen Lebensbereichen benachteiligt seien und ihre Kompetenzen Beachtung finden müßten. Gerade dies ist nicht neu; das Studium der ungemein vielfältigen Erfahrungen in der bisherigen Praxis der Mädchenarbeit zeigt eine sehr starke Ausdifferenzierung der Handlungsansätze nach Zielgruppen und Themenbereichen und einen generellen Ansatz an Stärken und Kompetenzen der Mädchen. So bleiben die Aussagen von Bohn in der Sache unverständlich. Das formulierte Ziel scheint im Grunde ja vereinbar mit den Zielen und Arbeitsergebnissen der engagierten Pädagoginnen (vgl. Debbing/Ingenfeld 1998), doch die Bezogenheit von Frauen auf Frauen, z.B. in den Arbeitsgruppen „Mädchen in der Jugendhilfe", scheint für Bohn Stein des Anstoßes zu sein, denn es müsse „zwangsläufig der sich verändernde männliche Teil dieses Systems in die kritische Diskussion einbezogen werden" (Bohn 1996, S. 14).

Verständigungsprozesse unter Fachfrauen im Hinblick auf die in die Planung einzubringenden Erfahrungen und Fakten sind ein

Element der Qualifizierung für die anstehende Planung und ein hinreichend bewährtes Mittel in der Erwachsenenbildung und Frauenarbeit allgemein; sie sind kein Akt der Ausgrenzung von Männern. In zahlreichen Städten haben sehr produktive Kooperationen zwischen Mädchenprojekten/Fachfrauen und männlichen Fachkräften zu einer hohen Berücksichtigung mädchenspezifischer Belange geführt und eine Weiterentwicklung der Jugendhilfe insgesamt – über alle Leistungsbereiche und Geschlechtergrenzen hinweg – bewirkt. Explizit begrüßt wurde von den Fachfrauen u.a. das Engagement männlicher Sozialpädagogen für Jungenarbeit im Gefolge der durch die Mädchenpädagogik initiierten geschlechtsspezifischen Differenzierung.

Mit dem Vorwurf von „blinden Flecken", sich „ausschließlich mit sich und der Ausdifferenzierung des eigenen Arbeitsfeldes beschäftigt" (ebd., S. 16) und Leistungsbereiche der Jugendhilfe wie Förderung der Erziehung in der Familie, Förderung von Kindern in Tageseinrichtungen und Tagespflege sowie Erziehungshilfen nicht ausreichend beachtet zu haben, werden die Erfolge der Mädchenpädagoginnen abgewertet bzw. ignoriert. (Noch) nicht Erreichtes wird den engagierten Frauen angelastet, statt auf ihrem Erfolg aufzubauen und die Bemühungen auf eine weitergehende Verbreitung und Verfestigung des geschlechtsspezifischen Ansatzes in der Jugendhilfe zu konzentrieren.

Der von Bohn als Gegenentwurf einer „integrierten mädchenbewußten Jugendhilfeplanung" angekündigte und durchgängig mit der angedeuteten Polemik bestückte Vorschlag entwirft im Kern kein neues Konzept der Berücksichtigung von Mädcheninteressen in der Jugendhilfe. Er geht vielmehr mit den Planungsbemühungen der engagierten Pädagoginnen sogar überein, die ihrerseits allerdings bereits zu diesem Zeitpunkt geschlechtsspezifisches Denken und Handeln in vielfacher Weise erfolgreich in Gang gesetzt hatten. Insofern ist mit der Schrift von Bohn kein produktiver Beitrag zur Weiterentwicklung der Jugendhilfe geleistet worden, sondern eher umgekehrt der Versuch erfolgt, Erreichtes in Frage zu stellen und in seiner positiven Wirkung zu schwächen.

Diese Infragestellung ist um so problematischer, als – wie aufgezeigt wurde – insgesamt für die Bundesrepublik gilt, daß es noch keineswegs gelungen ist, generell mädchenspezifische/ geschlechtsspezifische Angebote als Querschnittsaufgabe in der Kinder- und Jugendhilfe in allen Leistungsbereichen fest zu verankern und damit ihre grundsätzliche Akzeptanz sicherzustellen (vgl. 11. Kinder- und Jugendbericht). Diese Tatsache gilt, obwohl § 9, 3 auf jugendpolitischen Ebenen wie der Jugendminister-Konfererenz, der Bundesarbeitsgemeinschaft der Landesjugendämter, von Landesjugendhilfeausschüssen usw. durchaus Eingang in zahlreiche Beschlüsse gefunden hat. Die Umsetzung all dieser Beschlüsse vor Ort ist aber noch unvollständig und braucht noch viel Engagement.

Dort allerdings, wo es gelungen ist, über eine strukturelle Einbindung in kommunale Haushalte, über Landesförderprogramme oder über Leistungsverträge die mädchenspezifische Perspektive abzusichern, sind mädchenspezifische Jugendhilfeleistungen mittlerweile kein Zusatz zum Regelangebot mehr, sondern selbstverständlicher Bestandteil einer kommunalen Infrastruktur (vgl. Chwalek 2000).

Doch trifft dies für viele Bundesländer und Kommunen so bisher noch nicht zu, was dem mittlerweile in der Mädchenarbeit erlangten Stand von Professionalität, Reflexion, Pluralisierung der Angebote und zunehmender Verbreitung widerspricht. Heide Funk spricht von einem „Professionalitätsstau" (vgl. Funk in Böhnisch 1995), für den erst noch Wege gefunden werden müßten, um geschlechtsspezifische Erfahrungen und die entsprechende Perspektive flächendeckend in die Jugendhilfe einzubringen. Gemeinsame Anstrengungen und Kooperationen auf der Grundlage des bisher Erreichten sind hier gefragt.

Exkurs 2
Gewaltbereitschaft bei Mädchen
ein neues gesellschaftliches Problem?

Zunehmende Aufmerksamkeit für Rechtsextremismus
und Gewalt bei Mädchen

Die Auseinandersetzung mit dem Anstieg rechtsradikaler Gewalt nach der Wende in der Bundesrepublik Anfang der 90er Jahre begann sich auch ein Augenmerk auf die Teilhabe von Mädchen und Frauen als Mittäterinnen oder Täterinnen zu richten. Während unter der WählerInnenschaft des rechtsradikalen Spektrums ca. 1/3 Frauen ausgemacht wurden, blieb die Zahl aktiv mit Gewalttaten in Erscheinung tretender Mädchen und Frauen verhältnismäßig gering, sie wurden jedoch sichtbarer als zuvor (vgl. Balbach 1994, Birsl 1992, Lohmeier 1991). In Ostdeutschland schienen an rechtsextremen Schlägereien ungleich mehr Frauen beteiligt zu sein als im Westen. Der Frauenanteil an der Skinhead-Szene in den neuen Bundesländern wurde im Verhältnis zu den alten Bundesländern mit knapp 20 % gegenüber 2 % angegeben (vgl. Birsl 1992). Birgit Rommelspacher entwickelte damals ihre These von der Teilhabe von Frauen an der Dominanzkultur (vgl. Holzkamp/ Rommelspacher 1991); Holzkamp/Rommelspacher stellten der verbreiteten Vorstellung, Frauen seien im rechtsextremen Spektrum in erster Linie Mitläuferinnen und passiv, die These entgegen, daß Mädchen und Frauen hier durchaus auch ein eigenes Bedürfnis nach Macht ausdrücken (vgl. auch Balbach 1994, Niebergall 1995).

Zwar weist die Forschung auf den insgesamt immer noch geringen Anteil von Mädchen und Frauen an Gewalttaten hin (vgl. Heitmeyer 1987, 1995, Birsl 1992, NRW 1994). Die weit überwiegende Mehrzahl bisher befragter Mädchen lehnt nach wie vor Gewalt grundsätzlich ab und hält sie auch nicht für ein geeignetes Mittel zur Konfliktlösung (vgl. NRW 1994). Doch stimmen andere Ergebnisse der Studie in Nordrhein-Westfalen zu „Affinität von Mädchen und jungen Frauen gegenüber Rechtsextremismus und Gewalt" auch bedenklich: 10 bis 15 % der Befragten äußerten rechtsextremes Gedankengut, 13 % sahen in Gewalt durchaus eine

Möglichkeit der Konfliktlösung, und 5 % gaben an, häufiger in Schlägereien verwickelt zu sein.

Die als relativ hoch eingeschätzte Sympathisierung (junger) Frauen mit rechtsextremen und gewaltbereiten Organisationen/ Gedanken wurde in Veröffentlichungen Anfang der 90er Jahre u.a. auch als Reaktion auf die Erfahrung analysiert, daß die propagierte gesellschaftlich Teilhabe für Frauen nicht eingelöst würde. Das gilt insbesondere für Mädchen und junge Frauen mit Sonder-, Haupt- und Realschulabschlüssen. Dies mache anfällig für Versprechungen aus dem rechtsextremen Spektrum auf Anerkennung der Frau in traditionellen Zuweisungen (vgl. Birsl 1992).

Im Verlauf der 90er Jahre wurde der Frage einer Beteiligung von Mädchen und jungen Frauen an Gewalthandeln zunehmende Aufmerksamkeit gewidmet, die sich zeitweise in skandalisierenden Presseberichten zeigte. Hier wurde ein gewaltiges Nachziehen von Mädchen und jungen Frauen bei Gewalt suggeriert, die an Ausmaß und Brutalität den Jungen nicht mehr nachstünden (vgl. Spiegel 1998). Dieser Eindruck wurde durch die polizeiliche Kriminalstatistik zwar insofern zurechtgerückt, als sie zeigt, daß Gewalt und Kriminalität immer noch zu 80 bis 90 % Jungendelikte sind, doch verzeichnet sie einen deutlichen Anstieg der Beteiligung gerade junger Mädchen unter 14 Jahren (PKS 2000: 18 %). Heitmeyer u.a. (1995) sprachen bereits von einem „weiblichen Aufholprozeß", auch wenn das weitaus häufigste kriminelle Delikt von Mädchen sich im Bereich des (einfachen) Ladendiebstahls befindet (vgl. PKS 2000).

Die Münchner Polizei transportierte im Jahr 2000 ihren Sicherheitsbericht für das Jahr 1999 mit der Botschaft, Tatverdächtige bei Gewaltkriminalität seien mehrheitlich minderjährige Mädchen. Dies erwies sich jedoch so als unzutreffend, wie die Frauengleichstellungsstelle, nachdem sie den Report studiert und die Zahlen nachgerechnet hatte, in einem Protestschreiben feststellte. Sie zeigte auf, daß die Formulierung, „Mädchen (sind) im Bereich Gewaltkriminalität inzwischen stärker belastet... als die Buben innerhalb der männlichen Bevölkerung" (Sicherheitsreport 1999, S. 33), mißverständlich ist. Die Folgerung der relativ höheren Belastung wurde aus dem prozentualen Anstieg der Beteiligung von Mädchen geschlossen. Doch die realen Zahlen weisen noch immer dreimal so viele Jungen als Täter unter 14 Jahren aus (41 Mädchen, 150 Jungen). Die Gleichstellungsstelle zog in ihrem Schreiben aus der Präsentation des Sicherheitsreports den Schluß, „daß mit der einseitigen Darstellung der Gewaltbereitschaft von Mädchen von der Überrepräsentanz männlicher Gewalt abgelenkt werden soll, die insgesamt zu 85,3 % männlich" sei (Schreiben v. 10.7.2000).

Der Eindruck verstärkt sich durch die Erfahrung, daß die Thematisierung des engen Zusammenhangs von Männlichkeit und Gewalthandeln noch immer auf Abwehr stößt und Präventionsprojekte z.b. an Schulen das Männlichkeitsbild als offensichtlichen Faktor der Förderung von Täterschaft ausblenden (vgl. Heiliger 2001).

Das Beispiel der Münchner Polizei verweist auf die hohe Bedeutung der Wahrnehmung von Aggression und Gewalt bei Mädchen und Frauen, die durch die vorherrschenden Geschlechtsrollenbilder gefiltert wird. Anne Campbell (1995) macht in ihrer Arbeit zu Geschlecht und Aggression auf den (großen) Unterschied in der Bewertung von Aggression und Gewalt bei Frauen und Männern aufmerksam, die aufgrund von Rollenzuweisungen aggressives Verhalten bei Frauen im Gegensatz zu Männern negativ konnotiert und stark sanktioniert. Beispielsweise reagiert das Strafsystem auf Mord von Frauen an ihren Ehemännern mit bis zu zehnfach höheren Strafen als auf das gleiche Delikt eines Mannes an seiner Ehefrau (vgl. Oberlies 1995, Schmerl 1998).

Die unterschiedliche Bewertung weiblicher und männlicher Aggression und Gewalt führt auch zur anhaltenden Ausblendung bzw. Nicht-Thematisierung alltäglichen aggressiven Verhaltens von Jungen z.B. in Schulen, während die Zunahme aggressiven Ausdrucks von Mädchen in ihrem Gefährdungspotential möglicherweise überdimensional wahrgenommen wird (vgl. Heiliger 2001). Insofern weisen einige der Arbeiten zum Thema darauf hin, daß eine angemessene Wahrnehmung und Reaktion auf Aggression und Gewalt von Mädchen eine Selbstreflexion der eigenen Einstellung zu Gewalt und Geschlecht sowie des eigenen Umgangs mit Aggressionen und Gewalt voraussetzt (vgl. Pankofer 1996).

Gewaltbereitschaft bei Mädchen als bekanntes Phänomen und die Wirkung der weiblichen Sozialisation

Aus den Bereichen Jugendarbeit und Schule wird tatsächlich zunehmend über aggressive und gewaltbereite Mädchen geklagt und die These vom Aufholprozeß mit Nahrung versorgt. Die Auseinandersetzung mit der Frage, ob die Vorstellung von Frauen als dem friedfertigen Geschlecht nun endgültig zu demontieren sei, nimmt wachsenden Raum ein. Doch weist u.a. Sabine Pankofer (1996) darauf hin, daß Gewaltbereitschaft bei Mädchen durchaus kein neues Phänomen ist. Im Rahmen von Jugendhilfemaßnahmen habe es immer ein hohes Potential an Gewalthandeln von Mädchen gegeben. Jedoch sei dem wenig Beachtung geschenkt worden, es sei kein Gegenstand von Forschung und Öffentlichkeit gewesen.

„Aggressivität" von Mädchen sei früher überhaupt keine Kategorie in der Jugendhilfe gewesen, berichtet Pankofer. Sie sichtete die Zuordnungen für Heimerziehung und andere Maßnahmen der Jugendhilfe und stellte fest, daß „Erziehungsschwierigkeit" die zentrale Zuschreibung war bzw. ist, hinter der sich Aggression und Gewalthandeln verbergen. „Im Rahmen der Jugendhilfe (wird) das Thema der (körperlichen) Aggression von Mädchen weiter tabuisiert und marginalisiert." (ebd., S. 161) Diese Tabuisierung steht im Zusammenhang mit der Bewertung des Gewalthandelns auf dem Hintergrund eines weiblichen Geschlechtsrollenbildes, das Aggressivität negativ und als unweiblich belegt und somit bereits – im Gegensatz zu Jungen – als Abweichung und Verwahrlosung einordnet. Aus dieser trotz aller Emanzipationsvorstellungen anhaltender Zuschreibung mag sich auch die z.T. unverhältnismäßig große Empörung über Gewalthandeln von Mädchen erklären.

Ilka Reinert zeigt anhand einer Presseschau, wie Aktivitäten einer Mädchengang in Bielefeld medial umgesetzt wurden: „Die Angriffe der Mädchen auf konkrete Personen (werden) zum Angriff auf die herrschende Gesellschaftsordnung erhoben" (Reinert 2001, S. 57). Auch sie weist darauf hin, daß PädagogInnen in der Jugend- und Mädchenarbeit alltäglich mit unterschiedlichen Formen von Aggressionen bei Mädchen konfrontiert sind und mit diesen ebenso alltäglich umgehen. Doch mangele es an Thematisierung und Austausch über Erklärungsansätze und Reaktionsweisen: „Bevor wir eilig zur Tat schreiten, um spezielle ‚Anti-Aggressionstrainings' für Mädchen zu entwickeln... (sollten wir) zunächst einmal die vorhandenen theoretischen Fundierungen und Konzepte von Mädchenarbeit und deren praktische Umsetzung kritisch... beleuchten." (ebd. S. 63f)

Christiane Schmerl betont, daß die Erkenntnisse der letzten zwanzig bis fünfundzwanzig Jahre das Bild der von Natur aus friedfertigen und sanftmütigen Frau längst demontiert haben: „Sie können genauso aggressiv und kaltblütig sein: Sie sind es derzeit (noch) nicht... der Vorsprung der Männer ist überdeutlich." (Schmerl 1998, S. 96) Auch wenn der Anteil von Mädchen an den Gewalttaten Jugendlicher gestiegen ist, sei der Abstand zu Jungen dennoch „zu groß, um bereits von einer Welle weiblicher Gewalt im Jugendalter zu sprechen" (ebd.).

Im Gegenteil scheint die Sozialisation zu eher traditionellen weiblichen Verhaltensweisen nach wie vor zu greifen. Ilka Reinert beobachtet bei Mädchen eine anhaltende Verhaltensregel: „Das tut ein Mädchen nicht" (Reinert 2001, S. 54). Diese Beobachtung bestätigt die entsprechenden Erkenntnisse aus der Studie von Brown/Gilligan (1994). Christiane Schmerl andererseits verweist auf die im sozialen Kontext nach wie vor auch positiv wirkenden Seiten der weiblichen Sozialisation, die insgesamt deutlich geringere Gewaltbereitschaft produziere als bei Jungen, für die Gewalthandeln bekanntlich Ausdruck ihres Männlichkeitsverständnisses ist (vgl. Heiliger/Permien 1995, Schenk 1993).

Positiv sieht Schmerl, daß Frauen in hohem Maß „erworbene, trainierte und bewährte Fähigkeiten in Alltagsdiplomatie, Gelassenheit und Flexibilität (haben), die nicht von den Obsessionen der Selbstdarstellung geplagt sind" (Schmerl 1998, S. 97). Sie plädiert daher dafür, daß eher Jungen und Männer sich an solchen weiblichen Fähigkeiten und Verhaltensweisen orientieren sollten, statt daß sich Mädchen Macht- und Dominanzverhalten von Jungen zum Vorbild nehmen.

Besonders interessant sind Berichte über die Wirkung typisch weiblicher Sozialisierung auch bei gewaltbereiten bzw. gewalttätigen Mädchen, was sie deutlich von gewalttätigen Jungen zu unterscheiden scheint: Wenn sie zuschlagen, versuchen sie oft zugleich ernsthafte, gefährliche Verletzungen zu vermeiden, und/oder sie achten darauf, daß das Opfer Hilfe erhält. Dieses Nebeneinander von Gewalt und Fürsorglichkeit arbeiten Kirsten Bruhns und Svendy Wittmann aus ihren Interviews mit Mädchen aus vier gewaltbereiten Gruppen heraus. Das Mithalten in punkto Gewalthandeln, „Wir sind doch keine Schwacheier. Wir haben genausoviel Power wie die Jungs" (Bruhns/Wittmann 2002, S. 133), wird begleitet von der Übernahme unterstützender und fürsorglicher Funktionen z.B. in der Gruppe, in der sie Ansprechpartnerinnen für Probleme sind und sich für Kommunikation und Zusammenhalt zuständig fühlen. Einerseits vermitteln diese Mädchen „das Bild von einer durchsetzungsfähigen, Dominanz beanspruchenden und unabhängigen Weiblichkeit. Gleichzeitig präsentieren sie sich im Hinblick auf die Gruppe aber auch als fürsorglich, schützend, behütend und verantwortlich..." (ebd., S. 152).

Gleichermaßen stellen die Autorinnen fest, daß von den Mädchen auch in diesen Gruppen andere Geschlechtsrollenstereotypen durchaus aufrechterhalten werden, z.B. Schutz durch Jungen in bedrohlichen Situationen. Weiterhin geht aus den Interviews hervor, daß die Einstellung der gewaltbereiten Mädchen zur Gewalt nicht voraussetzungslos ist. Gewaltanwendung per se stehen sie ablehnend gegenüber und meinen, daß kleinere Konflikte auch ohne Gewalt gelöst werden könnten. Doch gäbe es Situationen, in denen es aufgrund von Bedrohung oder Beleidigung eben nicht anders gehe. So machen denn die Autorinnen auch Gerechtigkeitsvorstellungen bei den befragten Mädchen aus, mit denen sie ihr Gewalthandeln legitimieren (ebd., S. 132/133).

Die Zugehörigkeit zu einer gewaltbereiten Gruppe bedeutet nach den Informationen, die Bruhns und Wittmann aus ihren Interviews erhielten, nicht automatisch, daß die Mädchen der Gewalt gegenüber positiv eingestellt sind oder Gewalt konkret ausüben. Sie fanden in den vier Gruppen auch „Mädchen, die Gewalt eher ablehnen und betonen, daß man sich in Konfliktsituationen zurückhalten und beherrschen solle" (ebd., S. 140). Doch griffen diese Mädchen bei konkreten Gewalthandlungen von Gruppenmitgliedern nicht vermittelnd ein.

Tanja Diewald (2001) beobachtete in der Mädchenarbeit, daß

nach außen gerichtete Aggressivität bei Mädchen zu den vorherigen, primär autoaggressiven Problemverarbeitungsweisen hinzugekommen sind, sie jedoch nicht abgelöst haben. Ihrer Erfahrung nach haben alle Mädchen, die Gewalt ausüben, in ihrer Herkunftsfamilie Gewalt erfahren bzw. erfahren sie noch, „oft schlagen auch die Mütter. Die Mädchen kennen also weibliche körperliche Gewalt" (ebd., S. 58). Sie sieht für die Mädchenarbeit die Aufgabe, zwischen unterschiedlichen Gewaltmotiven zu unterscheiden, „als Gratwanderung zwischen Gewalt von Mädchen als Notwehr, insbesondere gegen sexuelle Gewalt, und Gewalt von Mädchen als inakzeptables Konfliktlösungsmittel" (ebd., S. 60).

Gewalt als Ausdruck weiblicher Emanzipation?

Die Frage, ob Gewalthandeln von Mädchen (auch) als Ausdruck emanzipatorischen Denkens und Handelns im Sinn eines Ausbruchs aus traditionellen Geschlechtsrollenzuweisungen angesehen werden kann, wie in Medienberichten und anderen Verlautbarungen vermutet wird, ist nicht einfach zu beantworten. In der Literatur wird sie zur Zeit kontrovers diskutiert.

Sabine Pankofer verneint aus ihrer Praxis im Rahmen von Heimerziehung diesen Zusammenhang: „Meines Erachtens können die Aggressionen der Mädchen nicht als emanzipatorischer Versuch verstanden werden, ihre Mädchenrolle zu erweitern. Eher müssen diese Verhaltensweisen als situationsbedingte Überlebensstrategien betrachtet werden, die... im Leben auf der Straße oder in einem bestimmten Umfeld... existenziell sein können." (Pankofer 1996, S. 163; vgl. auch Bauernfeind 1993)

Christiane Schmerl findet die Emanzipationsthese „falsch und richtig zugleich" (Schmerl 1998, S. 96). Bei straffällig gewordenen Frauen kann sie kein Befreiungshandeln in der Straftat erkennen, eher „traditionell-konservative" Einstellungen zur weiblichen Geschlechtsrolle. Doch gebe der allgemeine gesellschaftliche Rollenwandel der Frau auch „Gelegenheit zu bestimmten Delikten" (ebd.).

Marja Silkenbeumer (2001) fand in einer eigenen Untersuchung mit 15 Mädchen und 55 Jungen, die körperlich gewalttätig waren, bei mehreren Mädchen durchaus auch das formulierte Interesse, aus traditionellen Weiblichkeitsvorstellungen auszubrechen, die sie als massive Einschränkung empfinden. Doch konnte die Autorin hierin keinen direkten Zusammenhang mit dem Gewalthandeln erkennen. Der Wunsch, ein eigenständiges, unabhängiges Leben zu führen, ist als gesellschaftlich vermitteltes Mädchen- und Frauenbild auch bei diesen Mädchen vorhanden. Ihre Lebensumstände seien jedoch eher durch Unterdrückung und Gewalt gekennzeichnet, die die Realisierung dieses Wunsches relativ unwahrscheinlich machen.

Andere Autorinnen sehen bei gewalttätigen Mädchen eindeutiger ein Bestreben zum Verlassen der traditionellen Geschlechtsrolle. So meint Beate Niebergall, diese – bisher geringe – Anzahl von Mädchen orientiere sich am männlichen Rollenmodell, lebe ihre eigenen Macht-, Aggressions- und Gewaltbedürfnisse aus und empfinde „dieses Nachahmen ‚typisch' männlicher Verhaltensmuster als Gleichberechtigung" (Niebergall 1995, S. 104). Andrea Hilgers dagegen interpretiert Gewalthandeln von Mädchen eher als Abwehrverhalten gegen Rollenzuweisungen und konkrete Zumutungen denn als Ausbrechen aus der Opferrolle. Dies beziehe sich vor allem auf körperliche Übergriffe von Jungen, die von den Mädchen mit Gewalt beantwortet werden, „besonders dann, wenn bisherige Durchsetzungsstrategien wie verbales Argumentieren, versagen" (Hilgers 2001, S. 33).

„Wir lassen uns nichts mehr gefallen, egal von wem" (Bruhns/ Wittmann 2002, S. 149), hörten Kirsten Bruhns und Svendy Wittmann von ihnen interviewte Mädchen sagen, was ihnen durchaus den Eindruck vermittelte, die Mädchen orientierten sich an einem Weiblichkeitsbild, das eigene Geltung und Dominanz beansprucht. Entgegen der Meinung von Hilgers sind bei diesen beiden Autorinnen in den Aussagen der Mädchen nicht Jungen, sondern ihnen unterlegene Mädchen die primäre Zielgruppe ihrer körperlichen Angriffe, mit denen sie auf Beleidigungen oder aus Eifersucht reagieren bzw. an denen sie ihre Machtbedürfnisse ausleben. Dies wiederum weist eher auf die Orientierung an machtbeanspruchender Männlichkeit als auf ein unabhängiges Weiblichkeitskonzept, das z.B. keinen Sexismus duldet. Wie weit entfernt die von Bruhns und Wittmann interviewten gewaltbereiten Mädchen in diesem Punkt zu sein scheinen, zeigt folgende Passage aus einem Gruppeninterview auf die Frage, wie Mädchen und Jungen Konflikte in der Gruppe austragen.

„Junge: Dann ficken die.
(Gelächter)
Mädchen: Ja, so fängt's an, Mädchen gegen Jungen.
Junge: Dann muß das Mädchen blasen.
Mädchen: So Sprüche immer." (Bruhns/Wittmann 2002, S. 150)
Der zur Schau getragene Sexismus der Jungen scheint von den Mädchen übergangen und verharmlost („Sprüche") und der demonstrierte Verfügungsanspruch nicht abgewehrt zu werden. Dieses Übergehen steht neben – oder ist Voraussetzung? – der relativ starken Stellung der Mädchen in den beiden befragten geschlechtsgemischten gewaltbereiten Gruppen, in denen sie wichtige organisatorische Funktionen ausüben.

Die Vorstellung, Gewalthandeln von Mädchen entstehe als „Folge von Rollenwandel und Emanzipation", kam auch im bereits erwähnten Sicherheitsreport 1999 der Münchner Polizei zum Ausdruck. Diese Zuordnung läßt auf einen Begriff von Emanzipation von Frauen schließen, der vom Jungen und Mann ausgeht und daher die Vorstellung transportiert, Frauenbefreiung wäre per se für Männer und männlich dominierte Institutionen bedrohlich.

So kritisch die Äußerungen, insbesondere die Medienberichte, zu Gewalthandeln von Mädchen gelesen werden müssen und so notwendig es ist, immer wieder das Verhältnis der Gewalt von Jungen und Mädchen zu reflektieren, so sind doch die berichteten Gewaltakte von Mädchen zum Teil sehr erschreckend. Eine Auseinandersetzung in Forschung und Praxis mit Ursachen und Formen sowie Prävention von Gewalt bei Mädchen ist ohne Zweifel notwendig, zumal eine in Österreich durchgeführte Langzeitstudie in Schulen ergeben hat, daß Mädchen zu Schulbeginn noch deutlich weniger aggressiv als Jungen sind, bei Schulende jedoch zwischen Mädchen und Jungen kein Unterschied mehr besteht.[17]

17 Bericht im ORF, http://science.orf.at/science/news/36827.

Exkurs 3
Antisexistische Jungenarbeit als Bestandteil mädchengerechter Arbeit

Forderungen der feministischen Pädagogik

Nach der Kritik an „Jugendarbeit als Jungenarbeit" im 6. Jugendbericht und der nachfolgenden Entwicklung mädchenspezifischer Ansätze zur Stärkung der Mädchen gegen gesellschaftliche Benachteiligung und Gewalt wurde bereits in der ersten Konzipierung von Mädchenarbeit (vgl. Savier/Wild 1979) jungenspezifische Arbeit mitgedacht als Aufgabe der männlichen Pädagogen, die emanzipatorische Arbeit mit Mädchen durch eine antisexistische Arbeit mit Jungen zu flankieren. Deren gewalttätiges Verhalten gegenüber den Mädchen in der Jugendarbeit war ja der Ausgangspunkt „feministischer Jugendarbeit" (ebd.).

Als Ziel der Jungenarbeit wurde ganz im Sinn des jetzigen Gendermainstreaming-Konzepts benannt, zu einer geschlechtsspezifischen, geschlechtergerechten Pädagogik zu kommen bzw. langfristig sowohl auf der Seite der Mädchen als auf der der Jungen die hierarchischen Geschlechtsrollenzuschreibungen aufzulösen und zu neuen Geschlechterkonzepten zu kommen, die keine hierarchischen Zuordnungen mehr enthalten und entsprechende gesellschaftliche Erwartungen beenden. Auf der Seite der Jungen sollte eine männliche Identität gefördert werden, die zur Gleichberechtigung fähig ist, Mädchen und Frauen nicht mehr zur Selbsterhöhung abwertet und gewalttätiges Verhalten – weder gegen Mädchen und Frauen noch gegen andere Personen – nicht mehr legitimiert (vgl. Heiliger/Engelfried 1995).

Zunächst war der Widerstand beträchtlich, der den Forderungen der Pädagoginnen von seiten der männlichen Pädagogen entgegengesetzt wurde, die nicht einsahen, warum sie mit Jungen eine rollenkritische Arbeit durchführen sollten, die natürlich bei ihnen selber eine kritische Reflexion von Männlichkeit voraussetzte. Seit Anfang der 80er Jahre aber hatte die Auseinandersetzung in dieser Richtung doch begonnen und wurden die ersten Konzepte für eine (antisexistische) Jungenarbeit erarbeitet (vgl. HVHS

Frille 1987, Ottemeier-Glücks 1987, 1988, Karl 1993, 1994). Der Impuls wurde zuerst von der Heimvolkshochschule Alte Molkerei Frille aufgegriffen und vorbildlich in einer aufeinander abgestimmten Mädchen- und Jungenarbeit umgesetzt. Im Abschlußbericht des vom Bundesministerium geförderten Modellprojekts „Was Hänschen nicht lernt, verändert Clara nimmermehr" formulierten die MitarbeiterInnen u.a. ihren Ansatz der antisexistischen Jungenarbeit als Kritik an herrschender Männlichkeit (HVHS Frille 1987).

„Frille"[18] war damit der entscheidende Ausgangspunkt für die neue Jungenarbeit, die sich mit den wachsenden Forderungen sowohl aus der Mädchenarbeit als auch aus der Männlichkeitskritik und den Bemühungen um Gewaltprävention zu verbreitern und zu differenzieren begann. Die enge Kooperation von Jungenarbeit mit Mädchenarbeit ist aber bis heute selten geblieben und lebt vorbildhaft die Abstimmung beider pädagogischer Ansätze aufeinander vor, die später im Ansatz der „geschlechtsspezifischen Pädagogik" bis hin zur Gender-Pädagogik weiterentwickelt und ausformuliert wurde (vgl. Glücks/Ottemeier-Glücks 1994, hvhs-frille.de).

Zustimmung und Distanz zum antisexistischen Diskurs

Nach der Verankerung der Forderung nach geschlechtsspezifischer Arbeit im § 9,3 des Kinder- und Jugendhilfegesetzes, in dem allerdings die Benennung der Geschlechterhierarchie und damit der zentrale gesellschaftspolitische Ansatzpunkt fehlte, begann sich Jungenarbeit als Begriff zu etablieren, unterschiedliche Konzepte wurden entwickelt. Sowohl der antisexistische Diskurs der MitarbeiterInnen in Frille als auch die Abstimmung der Jungenarbeit mit den Pädagoginnen in der Mädchenarbeit sind jedoch bei den Pädagogen, die sich mit dem Thema auseinanderzusetzen begannen, zunehmend auf Ablehnung gestoßen. Eine Vielfalt von Ansätzen der Jungenarbeit wurde entwickelt, die zum Teil eine

---

18 Dieser Ortsname wurde zu einem festen Begriff für den antisexistischen Ansatz in den Diskussionen um Jungenarbeit.

gesellschaftskritische, geschlechtsrollenverändernde Richtung in Ergänzung der emanzipatorischen Mädchenarbeit nicht mehr erkennen ließen, manchmal sogar eine Rekonstituierung patriarchaler Männlichkeit enthalten (vgl. Haindorf 1997, Möller 1997).

Es entfaltete sich eine Thematisierung von Jungensozialisation, die Defizite und Förderungsbedarf betonte und damit die Grundlage für die Wahrnehmung von Jungen in einer gesellschaftlichen Opferposition herstellte (vgl. Schnack/Neutzling 1990). Die Wahrnehmung von Täterschaft bei Jungen in Form negativer Abgrenzung von und gewaltträchtiger Verhaltensweisen gegen Mädchen und Frauen nahm merklich ab; die Suche nach Männlichkeit, nach männlichen Wurzeln in einer Zeit weiblicher Emanzipation spiegelte die Verunsicherung der männlichen Pädagogen wider. Den zur Zeit verfügbaren Ansätzen zur Jungenarbeit geht es häufig um eine Verbesserung der Lebensqualität von Jungen durch Förderung von „Selbstbestimmung, Selbstverantwortung und Selbstständigkeit" (AK Jungenarbeit Input e.V.), nicht Defizite, sondern Kompetenzen sollen im Mittelpunkt stehen (vgl. Drägestein/Grote 1998).

Die Forderung nach Jungenarbeit hat sich innerhalb der Jugendarbeit mittlerweile weitgehend durchgesetzt, so daß neben der Etablierung außerinstitutioneller Projekte zur Jungenarbeit (z.B. Dissens e.V., Mannege e.V., Mannigfaltig e.V., Iris e.V.) z.B. in kommunalen Jungenarbeitskreisen Bemühungen im Gang sind, analog zu den Mädchenleitlinien Leitlinien für die Jungenarbeit zu entwickeln. Sturzenhecker (2000) kritisiert allerdings, daß hier weit mehr diskutiert als praktiziert werde, daß die Widerstände noch sehr groß seien, der Entwicklungsbedarf sei daher enorm, in Abstimmung mit der parteilichen, emanzipatorisch-feministischen Mädchenarbeit die notwendige patriarchatskritische Jungenarbeit zu betreiben, die ihren Beitrag zur Auflösung der engen Geschlechtsrollendefinitionen leisten sollte.

Die Hoffnung auf Gewaltprävention durch Stärkung von Jungen muß vermutlich solange unerfüllt bleiben, als der gesellschaftliche Wertmaßstab für Männlichkeit unverändert und die allgegenwärtige Suggestion der Verfügbarkeit von Mädchen und Frauen für Jungen und Männer – sowohl politisch als auch pädagogisch – unkommentiert und unbearbeitet bleibt. Die Kennzeichnung der Jungenarbeit als „antisexistisch" kann daher die gesellschaftliche Zielrichtung benennen und die Jungen wie die Jungenarbeiter veranlassen, sich mit dem herrschenden Sexismus und der aus ihm folgenden Gewalt auseinanderzusetzen, wie Franz Gerd Ottemeier-Glücks in einer Verteidigung des Begriffs antisexistisch ausführt: „Für mich ist es... ganz wichtig, erst mal... zu benennen und zu akzeptieren, was ist: die Normalität der Geschlechterhierarchie, die Grenzverletzungen und Gewalttaten, die Normalität der doppelt belasteten Familienfrau und den reproduktionsuntüchtigen Lebensgefährten. Wir sind dem Stadium des Benennens noch nicht entwachsen... auf der pädagogischen Ebene gehört es für mich zentral zum Standpunkt eines Jungenarbeiters dazu, Sexismus zu benennen. Wenn ich vom Standpunkt als Jungenarbeiter ausgehe, der behauptet, es gibt in dieser Gesellschaft keinen Sexismus, oder ich brauche nichts gegen Sexismus zu tun und kann trotzdem Jungen unterstützen, ein besseres Leben zu führen, dann denke ich, ist das eine falsche Voraussetzung. Um das klar zu machen, ist es mir wichtig, daß der Begriff antisexistisch im Label unserer Jungenarbeit vorkommt." (Ottemeier-Glücks 1997, S. 101/102)

Jungenarbeit ist daher auf ihre Reflexion der Geschlechterhierarchie und die Problematisierung des patriarchalen Männlichkeitskonzepts hin zu befragen. So formuliert Anne Schwarz: „Zu fragen ist... welcher Männlichkeitsbegriff den einzelnen Konzepten zugrundegelegt ist. Und zu fragen ist, ob die Geschlechterverhältnisse als Machtverhältnisse thematisiert werden und wie dieser Erkenntnis Rechnung getragen werden soll." (Schwarz 1997, S. 301)

Edgar Forster, Erziehungswissenschaftler an der Universität Salzburg, macht eine „Bruchlinie" im Verhältnis der verschiedenen Konzepte von Jungenarbeit bzw. der entsprechenden Jungenarbeiter zu feministischer Theorie und Praxis aus: „Es ist erstaunlich festzustellen, daß eine Reihe von Ansätzen in der Jungenarbeit mit einer Distanzierung zu feministischer Theorie und Praxis und mit einem Zurückweisen von Forderungen von Frauen beginnen." (Forster 2002, S. 4)

Diese Beobachtung teilt auch Olaf Jantz, der ihre Ursache darin identifiziert, daß die Forderungen der Frauenbewegung und die Besetzung der Thematisierung von Geschlecht durch Frauen zu einem „Gegenreflex" geführt hätten, sich zur Wehr setzen zu müssen (vgl. Jantz 2002, S. 12). Hierin sieht er auch die Betonung des Opferstatus von Jungen und Männern begründet, was er zugleich als Gefahr im Kontext des Gendermainstreaming wahrnimmt: „Die kritisch-solidarische Lobby für Jungen (könnte) durch ihre professionellen männlichen Begleiter mit der m.E. offensichtlichen Beliebigkeitsdimension des Gendermainstreaming wieder geschwächt werden." (ebd.)

Forster kritisiert auch das Bestreben nach männlicher Identität in Konzepten von Jungenarbeit und verschiedene Methoden, wie diese zu erlangen sei: in männerbündischer Manier unter Ausschluß von Frauen. Er plädiert dafür, statt nach einer sicheren Identität zu suchen, die Fähigkeit zu vermitteln, mit Brüchen, Widersprüchen und Unvollkommenheiten umgehen zu lernen; „damit verabschiedet man sich von klar fixierbaren männlichen Identitäten – mit dem Ziel, Optionen des Handelns zu erweitern, ohne die mit Identitätsbildungen notwendigen Praktiken von Inklusion und Exklusion zu reproduzieren" (Forster 2002, S. 9).

Die Ablehnung des antisexistischen Konzepts in der Jungenarbeit wird häufig damit begründet, den Jungen dürfe nicht mit einer Anti-Haltung begegnet werden, die die kritischen Aspekte von Männlichkeit in den Vordergrund stelle und Männlichkeit negativ konnotiere. Hier weisen Karl und Ottemeier-Glücks darauf hin, daß Konzept und Methode nicht verwechselt werden dürften. Selbstverständlich werde in der Praxis antisexistischer Pädagogik empathischer Bezug auf Jungen genommen, jedoch im Konzept die Auseinandersetzung mit und der Ausgangspunkt der neuen Jungenarbeit in der Kritik an patriarchaler Männlichkeit als Anspruch auf Herrschaft und Dominanz über Frauen mit seinen dramatischen Folgen klar benannt. Damit wird eine gesellschaftliche Zielrichtung skizziert und unterstützt, die solche Dominanz in das Konzept der Geschlechterdemokratie überführen will (vgl. Karl/Ottemeier-Glücks 1997).

Viele Argumentationen zeigen, wie schwer es Jungenpädagogen noch fällt, von der Dominanz als negativer Abgrenzung von Mädchen und Frauen, von männerbündischen Denk- und Handlungsstrukturen und vom Anspruch der Bestimmungsmacht Abschied zu nehmen. „Jungenarbeit kann nur von Männern gemacht werden", „Jungenarbeiter müssen sich frauenfrei unter sich vernetzen" – dies sind zwei aktuell zu hörende Auffassungen, in denen sich m.E. die alten Strukturen der Frauenabwertung und der Männerdominanz spiegeln.

Forster kritisiert die unter Jungenarbeitern verbreitete Meinung, den Jungen fehle bisher der Vater, daher sei es wichtig, ihnen mehr Väter zu bieten, die Vorbilder für Männlichkeit seien, an denen die Jungen sich orientieren könnten. Forster bezweifelt, daß die Identifikation mit dem Vater an sich bereits positiv und gewaltpräventiv sei. Das Problem der häuslichen Gewalt werde dabei völlig ausgeblendet, und die Betonung des Vaters diskriminiere erneut z.B. alleinerziehende Mütter.

Lehner gibt hierzu bestärkend zu bedenken: „Im Kontext von Männlichkeit kann sich die der Orientierung am Vorbild immanente hierarchische Struktur sehr leicht mit der narzißtischen Bedürftigkeit, die wiederum Folge einer hierarchisch strukturierten hegemonialen Männlichkeit ist, verbinden. Die Betonung von Vorbildern in Jungen- und Männerarbeit führt dann eher zu Rekonstruierung und Stabilisierung einer traditionellen Männlichkeit. Jungen brauchen keine Vorbilder. Was sie dagegen dringend benötigen, sind Männer, die mit ihnen persönliche Beziehungen eingehen können. Sie brauchen in ihrer Umgebung Männer, die fähig sind, sich selbst, ihre Erfahrungen und ihr Handeln zu reflektieren." (Lehner 2000, S. 123) Die Rede vom Vorbild ignoriert auch die Tatsache, daß viele Jungen gerade von Männern, die für sie Vorbildfunktion haben, wie z.B. Trainer, sexuell mißbraucht werden (vgl. Bange/Enders 1995). Forster lehnt daher den pauschalen Ruf nach Vätern in der Jungenarbeit ab und umreißt Bedingungen, die diese erst zu geeigneten Vorbildern werden lassen könnten: „Nur wenn sie selbst patriarchatskritische Positionen übernehmen und im Alltag leben, können sie dazu beitragen, Jungen andere symbolische Identifizierungen zu eröffnen." (Forster 2002, S. 12)

Eine kritische Auseinandersetzung mit den unterschiedlichen Konzepten von Jungenarbeit ist nicht zuletzt deshalb unerläßlich, weil sie eine rapide Bedeutungszunahme im Zusammenhang des Gendermainstreaming erfährt. Die Landesarbeitsgemeinschaft Jungenarbeit in Nordrhein-Westfalen führt z.B. allein für dieses Bundesland ca. 100 Projekte oder Anbieter von Jungenarbeit auf (vgl. Drogand-Strud, 2001). Wenn es im Zusammenhang des

Gendermainstreaming gelänge, in allen gesellschaftlichen Bereichen und insbesondere in der Jugendhilfe eine geschlechtsspezifische Sicht- und Handlungsweise durchzusetzen, „ergibt sich für die Jungenarbeit damit ein Arbeitsauftrag neuer Dimension" (ebd., S. 30). Doch sei für die Umsetzung der geschlechtsbezogenen Handlungsweise im Gendermainstreaming die Kooperation zwischen Mädchen- und Jungenarbeit konstitutiv, um sozusagen als Resonanzboden die Auswirkung dieser Arbeit auf Mädchen und Jungen sowie auf die Institution selbst ständig zu reflektieren. Es gehe darum, meint Drogand-Strud, „die notwendige Analyse der Relevanz des Geschlechterverhältnisses in bezug auf die Einrichtung, die MitarbeiterInnen und die Mädchen und Jungen (durchzuführen). Als eine überfällige Konsequenz aus den Erkenntnissen geschlechtsbezogener Arbeit mit dem Gendermainstreaming ist so z.b. das geschlechtsparitätisch besetzte Team-teaching mit gemeinsamer Konzeptentwicklung und teilweise geschlechtshomogener Arbeit unbedingt einzufordern." (ebd., S. 31)

Die Veränderung des Geschlechterverhältnisses ist entscheidendes Ziel von Mädchen- und Jungenarbeit im Gendermainstreaming. Um dieses Ziel zu sichern, sind für die Jungenarbeit nach emanzipatorischem, antisexistischem Zuschnitt Qualitätskriterien erforderlich, die sie deutlich von der „alten" Arbeit mit Jungen im Sinn von „Stützung klassisch männlicher Normen" (ebd., S. 30) unterscheiden und Orientierungen für die Ausbildung in und die Evaluierung von praktizierter Jungenarbeit schaffen: „Eine Qualifizierung sollte Zusammenhänge, eine geschlechterpolitische Positionierung, geschlechtsspezifische Lebenszusammenhänge und Grundlagen geschlechtsbezogener Pädagogik vermitteln." (ebd., S. 31)

Olaf Jantz unterstreicht die Verortung von Jungenarbeit als komplementäre Aufgabe zu Mädchenarbeit, betont jedoch, daß keine Konkurrenz um Ressourcen zwischen beiden Ansätzen entstehen und Jungenarbeit nicht aus den bisherigen Töpfen der Mädchenarbeit finanziert werden dürfe, die nun nach dem Konzept des Gendermainstreaming angeblich beiden Geschlechtern gleichermaßen zur Verfügung zu stehen hätten: „Sämtliche Angebote für Jungen (sollten) eine finanzielle und strukturelle Absicherung erfahren, die nicht zu Lasten von Mädchenarbeit geht, sondern sich aus den allgemeinen Töpfen der Kinder- und Jungenarbeit erschließt." (Jantz 2002, S. 17)

Jungenarbeit als Gewaltprävention

Bemerkenswert ist die Zurückhaltung in der Thematisierung von Gewalthandeln durch Jungen im Kontext der Jungenarbeit oder gar die Verwahrung, „die Jungenarbeit zum Erfüllungsgehilfen einer reinen Gewaltpräventions- und Interventionsarbeit... verkümmern" zu lassen (Jantz 2002, S. 15). Gewaltpotential und Gewalthandeln von Jungen (und Männern) ist aber unbestreitbar ein zentraler Ausgangspunkt für die Forderung nach Jungenarbeit und einer neuen Jungensozialisation sowie männlichen Identität.

Jungenarbeit als Gewaltprävention erhält vor allem im Kontext des Aktionsplans der Bundesregierung zur Bekämpfung der Gewalt gegen Frauen und im hierin enthaltenen sogenannten „Gewaltschutzgesetz", der Möglichkeit der Wegweisung gewalttätiger Männer aus der gemeinsamen Wohnung, eine zentrale Aufgabe und besondere Legitimation.

Eine defizitorientierte Perspektive, die bei einer Finanzierung durch die Jugendhilfe immanent ist, traf bei männlichen Pädagogen keineswegs auf Kritik, als die Zentrierung von Jugendarbeit und Jugendhilfe auf Jungen selbstverständlich mit der Notwendigkeit begründet wurde, Jungen „von der Straße zu holen" (vgl. Savier/Wild 1978). Freilich fehlte damals das pädagogische Konzept der Gewaltprävention, das sich heute aus der Kritik an männlicher Sozialisation zu potentieller Täterschaft ableitet, angelegt im Männlichkeitsverständnis (vgl. Heiliger/Engelfried 1995, Schenk 1993, Drägestein/Grote 1998, Karl 1994).

Die meisten vorliegenden Konzepte der Jungenarbeit vermeiden eine grundlegende Auseinandersetzung mit der Gewaltträchtigkeit männlicher Orientierungen und Vorbilder. Diese Haltung wirft die Frage nach den Motiven und Zielen einer neuen Jungenarbeit auf. Die Inhalte von Jungenarbeit geraten dann manchmal auch sehr schwammig, z.B.: „Jungen in ihrem Werden parteilichkritisch unterstützen und begleiten" (Jantz 2002, S. 15), „das Erleben der Qualität rein männlichen Kontaktes" (Entwurf zu Leitlinien für die Jungenarbeit in München 2000, S. 4), oder es drücken sich gar deutlich antiemanzipatorische Inhalte aus, z.b. bei Haindorf (1994): „Wir unterstützen junge Männer in der Entwicklung von Konfliktbereitschaft und in ihrem Willen, gesellschaftliche Konventionen und Tabus zu überschreiten, statt in gefälliger Harmlosigkeit zu verharren." (Haindorf 1997, S. 130) Haindorf ist mit seinem mythopoetischen Ansatz ein extremes Beispiel für die Rekonstruktion traditioneller Männlichkeit über Jungenarbeit, mit der „die unzerstörbare Essenz von Männlichkeit anerkannt und gefeiert" wird (ebd., S. 135).

Häufig wird die Frage nach dem „Gewinn" für Jungen und Männer aus einer auf Gewaltfreiheit und Gleichberechtigung zielenden Jungenarbeit/Identifikation gestellt, was aus feministischer Perspektive irritierend ist. Während es für Frauen selbstverständlich ist, daß Ungleichheit, Vorrechte und Privilegien mit Ungerechtigkeit verbunden sind, tasten sich Jungenarbeiter vorsichtig heran, den Jungen den anstehenden Verlust von Privilegien schmackhaft zu machen und nach Entschädigung und Ausgleich zu suchen. Holger Karl beantwortet die Frage aus dem antisexistischen Konzept heraus mit einer insgesamt befriedigenderen Lebenssituation, die den Jungen erwarte: „Die Abkehr von herrschender Männlichkeit in Richtung Gleichberechtigung nimmt Jungen etwas weg ohne unmittelbare Ausgleichszahlungen. Was wir ihnen anbieten, liegt im individuellen Bereich: sein Glück nicht mehr im hektischen Streben nach Macht und Stärke zu suchen, sondern primär in einer befriedigenden Beziehung zu sich selbst, zu seinen Stärken und Schwächen, zu allem, was ein Männerleben mit sich bringen kann." (Karl 1994, S. 148)

In der Suche nach einer Entschädigung ist m.E. der Anspruch auf Privilegien noch enthalten, darüber hinaus liegt darin eine Unterschätzung der Fähigkeiten von Jungen, selbständige Reflexions- und Entscheidungsprozesse zu durchlaufen. Wenn ihnen ausreichend Informationen und Wertvorstellungen gegeben werden, die ihnen ihr Verhalten widerspiegeln, transparent und verstehbar machen und als veränderbar vermitteln, scheinen sie durchaus in der Lage zu sein, entsprechende Infragestellungen aufzunehmen und in die Veränderung ihres Verhaltens als Distanz von Gewalt- und Dominanzhandeln umzusetzen.

Ein eindrucksvolles Beispiel für solch einen Veränderungsprozeß ist die Befragung an einer Münchner Realschule zu Gewalt von Jungen gegen Mädchen. Bei dieser Befragung hatten die Jungen zum einen Gelegenheit, sich mit den verschiedenen Dimensionen von Gewalt gegen Mädchen und Frauen intensiv auseinanderzusetzen, zum anderen wurden ihnen durch verschiedene Informationen im Fragebogen Wertvorstellungen vermittelt, die angegebene Formen von Übergriffen und Beleidigungen an Mädchen als Gewalthandeln – und als gesellschaftlich nicht tolerabel – benannten. Die Erfahrung mit diesem Schulprojekt zeigte, daß Jungen entsprechende Informationen bisher weitgehend vorenthalten und von daher Orientierungen für einen gewaltfreien, gleichberechtigten und respektvollen Umgang mit Mädchen verweigert werden (vgl. Heiliger 2000b).

Im Anschluß an die Befragung ergab sich das beeindruckende Beispiel eines Jungen, der erstmals begriffen hatte, daß sein fast alltägliches belästigendes Verhalten gegenüber den Mädchen nicht tolerabel, sondern als Gewalt zu werten sei. Er entschied sich, in Zukunft auf entsprechende Verhaltensweisen zu verzichten, um ein gleichberechtigtes Verhältnis zu seiner Freundin herzustellen.

Dieses und andere Beispiele im Rahmen der „Münchner Kampagne gegen Männergewalt an Frauen und Mädchen/Jungen" zeigen, daß es durchaus möglich ist, Jungen mit Täterverhalten zu konfrontieren (vgl. ebd.). Für eine positive Aufnahme und Umsetzung scheint es sinnvoll zu sein, zunächst Aufklärung und Information in den Vordergrund zu stellen, so daß durch Sanktionen erzeugtes Abwehrverhalten gar nicht erst entsteht. Die Aufklärung, in diesem Fall darüber, wie das Verhalten von Jungen auf Mädchen wirkt, fehlt offenbar in der alltäglichen Kommunikation, so daß dementsprechend Jungen auch die Verletzungen, die sie Mädchen zufügen, nicht realistisch einschätzen können. Eine Scheu, über Täterverhalten zu sprechen, verfehlt also das Ziel, mädchengerechtes und mädchenrespektierendes Verhalten bei Jungen zu fördern, das im Gleichberechtigungskonzept angestrebt wird.

Jungenarbeit, die sich in eine mädchengerechte Jugendhilfe einfügt, hat die Aufgabe, neben der geschlechtshomogenen Arbeit den Dialog zwischen Jungen und Mädchen zu fördern, in dem

Jungen lernen können, Bedürfnisse und Interessen von Mädchen zu erfragen, um diese in ihrem Verhalten auch berücksichtigen zu können.

Hier bestehen hohe Defizite, die auf beiden Seiten falsche Bilder und falsche Erwartungen produzieren und so erst die Polarität in den gelebten Geschlechtsrollen reproduzieren und verfestigen. Im kontrollierten und geschützten Dialog lernen auch die Mädchen, ihre Bedürfnisse den Jungen in einer Weise zu vermitteln, die von den Jungen verstanden wird. Auf diesen Dialog, die vermittelten Inhalte und Einstellungen sowie die erfolgten Reaktionen der Jungen können Mädchen wie Jungen weiterhin Bezug nehmen als eine gemeinsame Basis der Verständigung.

Gelingt dies, wäre ein Grundstein gelegt für die Beendigung der häufig anzutreffenden Sprachlosigkeit von Männern in der Beziehung mit einer Partnerin und der mangelnden Kenntnis gegenseitiger Erwartungen, Wünsche und Ängste. Den Dialog in Gang zu bringen, bedeutet auch, Voraussetzungen für geschlechterdemokratische Umgangsweisen zu schaffen, die voraussetzen, daß Bedürfnisse und Interessen artikuliert werden können.

Mädchenarbeit in Zeiten des Gendermainstreaming
Zusammenfassung und Perspektiven

Der Widerspruch zwischen Bildern und Realitäten

Die Bilder, die über Mädchen und Frauen in den Medien und in der Öffentlichkeit präsent sind, vermitteln oft den Eindruck bereits erreichter Gleichberechtigung der Geschlechter. Benachteiligungen aus der bestehenden Geschlechterhierarchie werden geleugnet und als individuelles Problem dem einzelnen Mädchen/der Frau überantwortet, wenn sie sich im Gleichheitsmythos nicht wiederfindet, ihre Chancen in der Gesellschaft nicht erkennen kann, an gesellschaftlichen Strukturen der Entwertung von Weiblichkeit leidet. Dieser Individualisierungsdiskurs gemeinsam mit der Rede von der Pluralisierung – „anything goes" – sowie der zunehmenden Leugnung der Systematik von Geschlechtsrollenzuweisungen belastet Mädchen und junge Frauen heute mehr denn je und verweigert ihnen zugleich den Raum zur Thematisierung ihres Erlebens und ihrer Wahrnehmung.

Die These, inzwischen seien die Differenzen innerhalb der Geschlechter größer als die zwischen ihnen, verbleibt auf der Erscheinungsebene und vernachlässigt die objektiven gesellschaftlichen Zuweisungsstrukturen, die Weiblichkeit und Männlichkeit unverändert polar zuordnen, im Bewußtsein der Individuen nach wie vor verankert sind („ist es ein Junge oder ein Mädchen?") und Wahrnehmung wie Reaktion fundamental prägen und steuern.

Einigkeit besteht allgemein in der Analyse, daß geschlechtshierarchische Strukturen trotz aller Modernisierungen unverändert wirken, jedoch subtiler in Erscheinung treten und durch die neuen Mädchenbilder und die Ideologie der Gleichberechtigung („es kommt nur auf dich an") verdeckt werden (vgl. Metz-Göckel 1998). „Über alle sozialen Schichten hinweg hat sich weibliches Handlungs- und Reflexionspotential enorm erweitert", stellt Sigrid Metz-Göckel fest (ebd., S. 260), jedoch sei es eine einseitige Modernisierung in den Geschlechterbeziehungen geblieben, da sich Männer von komplementären Veränderungen abschotten, wenn nicht sogar verweigern (vgl. ebd.) im Beharren auf ihrer selbstverständlichen Hegemonie (vgl. Bourdieu 1997). „Die Differenzen in den materiellen Lebensbedingungen der Geschlechter... werden überlagert durch eine symbolische Kultur der Gleichheit, die in die rechtlichen, politischen und kulturellen Institutionen zwar normativ eingeschrieben ist, gleichzeitig aber einen Subtext enthält, der die Abwertung des Weiblichen mehr oder weniger verdeckt immer wieder neu herstellt." (Metz-Göckel 1998, S. 264)

Jugendarbeit und Jugendhilfe sind diejenigen Instanzen, die jenseits der modernen Diskurse und Mythen mit der gesellschaftlichen Realität und ihren Folgen für Mädchen und Jungen konfrontiert sind und Lösungen finden müssen. Dennoch bleiben sie nicht unberührt vom Mainstream der Theorien und Diskussionen und beginnen zum Teil mit einer Infragestellung oder sogar konkret mit dem Abbau mädchenfördernder Maßnahmen. Diese Infragestellung trifft sich mit einer hohen Ignoranz und Abwehr, die mädchenspezifische Maßnahmen seit jeher – auch nach dem 6. Jugendbericht und dem § 9, 3 des KJHG – begleiten und gegen die sie zu kämpfen hatten.

Gesellschaftliche Benachteiligungen und die Gewalt gegen Mädchen und Frauen zur Kenntnis zu nehmen, fällt bis heute einer Vielzahl von Institutionen schwer, die an der Geschlechterhierarchie als sozusagen naturgegebener Struktur festhalten möchten, solange sie männliche Bestimmungsmacht sichert. Die unendlichen Bemühungen der Frauenbewegung und später der institutionalisierten Frauenpolitik mit der flächendeckenden Versorgung durch Gleichstellungsstellen, Frauen- und Mädchenbeauftragte, schlugen sich zwar im Überholen von Jungen in bezug auf schulische Leistungen, der Ausweitung von Mädchen- und Frauenräumen, der Erweiterung weiblicher Identitätsmöglichkeiten, der Selbstverständlichkeit einer eigenständigen Lebens- und Berufsperspektive für junge Frauen, der zunehmenden Sichtbarkeit ihrer Fähigkeiten und letztlich im Eindruck von längst überwundenen traditionellen Geschlechtsrollen nieder.

Jedoch die gesellschaftliche Wirklichkeit verwies Mädchen und Frauen immer von neuem auf die Grenzen ihrer Freiheit, auf die weiterhin bestehende Geschlechterhierarchie mit der grundlegenden Abwertung von Frauen, auf das daraus resultierende scheinbare Recht von Jungen und Männern, Mädchen und Frauen zu definieren, einzuschränken, zu entwerten, und zuzurichten. Modediktate und Schönheitsnormen hindern Mädchen an selbstbestimmter Entfaltung und einem unbeschädigten Leben.

Die Parallelität von einerseits Gewaltschutzgesetz und andererseits Gleichheitsmythos offenbart die Absurdität der modernen Diskurse um Androgynität, Dekonstruktion, Individualismus, Pluralismus und Gleichberechtigung. Als äußerliche Erscheinungen durchaus als Trends wahrnehmbar, verbergen sie falsche Realitätskonstruktionen, an denen die Individuen mit ihrem jeweiligen Verarbeitungsrepertoire oftmals scheitern – gerade dann, wenn ihnen die Voraussetzungen fehlen oder verweigert werden, an gesellschaftlichen Privilegien teilzuhaben, wenn ihnen Chancen zur Verwirklichung glanzvoller Film- und Mediensettings versagt bleiben müssen, weil sie schon an Schule, Ausbildung, familialem und sozialem Umfeld oder am Fehlen persönlicher Voraussetzungen scheitern.

Die modern gewordene individuelle Schuldzuweisung für Scheitern, Gewalterfahrung und Mängel, ja die rapide sinkende Toleranz für Vielfältigkeit im Sinn einer Abweichung von Norm und Ideal und dagegen das Bemühen der Individuen, sich als „no problem" und einzigartig und großartig zu inszenieren, macht eine realitätsgerechte Wahrnehmung und Reaktion fast unmöglich, ja, sie ist verpönt. So versuchen Mädchen und junge Frauen dem sexy, schönen, schlanken, blonden, selbstbewußten, erfolgreichen, schlagfertigen Ideal zu entsprechen und untermauern damit die produzierten Bilder in ihrer Wirkung nach außen und nach innen. Daraus folgende Gesundheitsgefährdungen wie Magersucht, Drogenkonsum usw. werden in ihrer Signalwirkung nicht angemessen wahrgenommen, der in ihnen verborgene Verweis auf falsche Bilder und Erwartungen wird nicht hinreichend akzeptiert.

In der Debatte um männliche Gewalt wurden die herrschenden Helden-Bilder für Jungen und Männer als diejenigen identifiziert, die Frustration, Verunsicherungen und Minderwertigkeitsgefühle produzieren und im Gewalthandeln ausagiert werden, weil es keinen gesellschaftlichen Raum zur Thematisierung und Auflösung der falschen Bilder und Erwartungen gab. Das soll sich in der neuen Jungenarbeit ändern. Doch verweist die Zunahme von Gewaltbereitschaft auch bei Mädchen auf einen umgekehrten

Prozeß, der nun auch Mädchen und jungen Frauen das Ausagieren von Verletzungen und Perspektivlosigkeit im Gewalthandeln als Ausweg erscheinen läßt. Diese Entwicklungen sind ein Alarmsignal und eine Mahnung, die gesellschaftlichen Werte und hierbei den Vorrang von Macht und Dominanz grundlegend zu revidieren.

Qualitative Entwicklungen und Erfolge

Daß bisher weder qualitative noch quantitative Forschung zu den vielfältigen Ansätzen in der Mädchenarbeit in größerem Umfang erfolgt ist, kann Ausdruck von Desinteresse an dieser Arbeit wegen ihrer marginalen Verortung sein. Doch scheint auch niemand so genau wissen zu wollen, worin die Mädchen gestärkt werden, welche Schritte sie auf dem Weg zur Selbstbestimmung erfolgreich gehen, wie sie Verletzungen ihrer Würde und Gewalterfahrungen verarbeiten, wie sie sich aus den Angeboten diejenigen herausfischen, die ihre Fähigkeiten konkret erweitern, ihr Selbstbewußtsein stärken, Solidarität untereinander herstellen. Die Bedeutung eines eigenständigen Mädchen- und Frauenraums in der spezifischen Ausrichtung auf Interessen und Bedürfnisse von Mädchen wird weitgehend übergangen.

Doch lassen die zahlreichen Einzelberichte und Auswertungen zur Mädchenarbeit, die vorliegen, eine große Variationsbreite von Ansätzen erkennen, die bei den Mädchen das Selbstbewußtsein, ihre Selbstdefinition, ihre Durchsetzungskraft und Abwehr von Fremdbestimmung, Aneignung von öffentlichem Raum sowie eine eigenständige Berufs- und Lebensperspektive unterstützen. Mädchen werden durch den geschlechtshomogenen Bereich, durch Mädchenangebote im Rahmen koedukativer Jugendeinrichtungen und durch die Begleitung in der Behauptung und Auseinandersetzung mit Jungen im geschlechtsheterogenen Setting über inhaltliche Angebote z.B. in den Bereichen Kultur, Gesundheit, Körper, Beruf, Freizeit, Partizipation, Abenteuer, Sport, Medien und Computer gefördert und gestärkt.

Mädchen suchen Räume und Angebote ausschließlich für Mädchen auf, um andere Mädchen kennenzulernen, mit ihnen andere Dinge zu besprechen als mit Jungen und mit ihnen Spaß zu haben.

Sie nutzen mädchenspezifische Angebote gezielt zur Erweiterung ihrer Kompetenzen, für ihre Entwicklung im persönlichen und beruflichen Bereich. Sie genießen die ungeteilte Aufmerksamkeit der Pädagoginnen und nutzen deren Zuwendung, Erfahrungen und Beratung.

Mädchenarbeit ist zumeist interkulturelle Arbeit, da ein hoher Anteil der Mädchen Migrantinnen sind, für die oft das geschlechtsspezifische Angebot die einzige Möglichkeit darstellt, aus der Familie heraus und in Kontakt mit deutschen Mädchen zu kommen. Das emanzipatorische Interesse dieser Mädchen ist zumeist relativ hoch und bringt sie in Konflikt mit der Kultur ihrer Herkunftsfamilie. In die interkulturelle Mädchenarbeit bringen sie ihren Zwiespalt zwischen Emanzipation und Tradition ein.

Für lesbische Mädchen wurde das Angebot in der Mädchenarbeit in den letzten zehn Jahren deutlich erweitert. Nach der Verabschiedung des Gesetzes zur eingetragenen Partnerschaft homosexueller Paare ist das Thema Homosexualität in der Öffentlichkeit wesentlich präsenter geworden. Die Normalisierung entsprechender Lebensweisen schreitet voran und hat der Formierung homosexueller Familien in der Öffentlichkeit soviel Platz geschaffen, daß junge Frauen sich in zunehmendem Maß vorstellen können, auch Kinderwünsche in einer lesbischen Beziehung realisieren zu können, wofür nicht nur die US-amerikanische Musikerin Melissa Etheridge Vorbild ist. Lesbische Mädchen suchen gezielt Mädchenprojekte und mädchenspezifische Ansätze in gemischten Einrichtungen auf, um Bestätigung und Bestärkung ihrer lesbischen Identität zu gewinnen und der Definition über Heterosexualität im koedukativen Raum zu entgehen.

Junge Frauen mit Gewalterfahrungen finden Schutz, Parteilichkeit und Solidarität in Mädchenprojekten, erleben die Zurückweisung individueller Schuldzuweisungen an ihnen zugemuteter Gewalt und nutzen Angebote der Selbsthilfe, Therapie und Bestärkung ihrer Überlebenskraft.

Mädchen und junge Frauen mit Behinderungen waren lange Zeit in der Mädchenarbeit kaum präsent, es bedurfte eines neuen Ansatzes in der Mädchenarbeit, aus den eigenen Räumen herauszugehen und die jungen Frauen in den Spezialeinrichtungen oder Familien zu erreichen. Mit Begeisterung nehmen sie an Angeboten der Mädchenarbeit teil, die ihnen ein Gefühl von Zugehörigkeit und ein Stück „Normalität" vermitteln. Das zukünftige Recht behinderter Menschen, in alle gesellschaftlichen Bereiche integriert zu werden, könnte noch einmal einen Schub bewirken, Barrieren zwischen den Spezialeinrichtungen der Behindertenhilfe und den Mädchen- und Frauenprojekten zu senken.

Das Hinausgehen aus den eigenen Räumen in die Stadtteile hinein ist ein Handlungsansatz, der dazu geführt hat, Mädchengruppen zu erreichen, die von sich aus ein Mädchenprojekt nicht aufsuchen würden. Partizipation ist in diesem Kontext – wie im Zusammenhang mit der Jugendhilfeplanung – ein neuer wichtiger Ansatz, der über die mädcheneigenen Einrichtungen oder koedukativen Räume hinausweist in die Beteiligung an Politik und Planung.

In den neuen Bundesländern wurden nach der Wende zahlreiche Mädchenprojekte gegründet, deren Ausrichtung sich infolge der vorherigen DDR-Sozialisation für Frauen mit Berufstätigkeit als Regelfall und quasi garantiertem Arbeitsplatz schwerpunktmäßig am Erwerbsleben orientierte. Mädchen reagierten sehr positiv auf die neuen Angebote und wußten auch den reinen mädchenspezifischen Raum in zunehmendem Maß zu schätzen, während manche Pädagoginnen die Meinung vertraten: „So etwas brauchen unsere Mädchen nicht."

Eine Erfolgsgeschichte gelang in manchen Regionen mit der strukturellen Absicherung von Mädchenarbeit über Landesjugendpläne (nach § 80 KJHG) und Leitlinien zur Förderung der Mädchenarbeit. Nordrhein-Westfalen verfügt als bisher einziges Bundesland über eine strukturelle Verankerung der Förderung mädchen-(und jungen-)spezifischer Leistungen als vorrangigem Ziel der landesweiten Jugendpolitik. Acht Kommunen haben kommunale Leitlinien zur Mädchenförderung verabschiedet. In diesen Regionen ist geschlechtsspezifische Arbeit, also Mädchenarbeit, in der Jugendhilfe nicht mehr verhandelbar und bedarf keiner Begründungen mehr. Mädchenpolitische Bündnisse auf regionaler, Länder- und Bundesebene haben Vernetzungsstrukturen zur Weiterentwicklung der Fachlichkeit in der Mädchenarbeit geschaffen und bieten ein politisches Instrumentarium zur Durchsetzung geschlechtsspezifischer Jugendhilfe.

Mädchenarbeit ist nicht flächendeckend durchgesetzt

Trotz der Vielfalt der Angebote für Mädchen und der positiven Resonanz ist nicht zu übersehen, daß sich in verschiedenen Praxisfeldern mädchenspezifische Arbeit bis heute nicht durchgesetzt hat. Die Widerstände gegen eine Wahrnehmung geschlechtsspezifischer Benachteiligung sind immer noch enorm hoch. Selbst in der offenen Jugendarbeit sind noch massive Widerstände zu verzeichnen. In vielen Verbänden ist Mädchenarbeit im Verhältnis zum gesamten Spektrum ihrer Angebote und zu den eingesetzten Ressourcen randständig geblieben, scheint Mädchenarbeit oft eher ein Zugeständnis, ein Zusatzbereich zu sein als Ausdruck einer selbstverständlichen und angemessenen proportionalen Beteiligung an den Angeboten der Jugendhilfe. Auch die finanzielle Absicherung fehlt in den meisten Fällen.

In Jugendzentren werden Mädchen nach wie vor von Jungen alltäglich abgewertet, dominiert, beschimpft, belästigt und in untergeordnete Rollen abgedrängt. Mädchenspezifische Angebote werden innerhalb koedukativer Einrichtungen von den Jungen noch immer nur schwer akzeptiert, eine ergänzende Jungenarbeit, die hier gegensteuert, die Verunsicherungen der Jungen und ihren Dominanzanspruch bearbeitet, existiert bisher nur vereinzelt.

Jugendhilfe-Einrichtungen im engeren Sinn wie z.B. erzieherische Hilfen und Wohnangebote gewähren Mädchen im Vergleich zu Jungen weniger und kurzzeitigere Unterstützung. Erst ab der Pubertät, wenn Mädchen sich selber auf die Suche nach Hilfsangeboten machen, gleicht sich die Anzahl der Mädchen, die erzieherische Hilfen erhalten, der der Jungen an. Die Notwendigkeit mädchenspezifischer Angebote bzw. Organisationsformen hat die Erziehungshilfe bisher noch nicht einmal grundsätzlich anerkannt. Gewalthintergründe der untergebrachten Mädchen und jungen Frauen werden nicht genügend beachtet, ebensowenig wie deren Folgen z.B. in Prostitution und Drogen. In der Erziehungshilfe besteht daher noch grundsätzlicher Handlungsbedarf in bezug auf eine mädchengerechte Ausgestaltung.

Auch in den Maßnahmen der Jugendberufshilfe sind Mädchen weiterhin unterrepräsentiert. Die besseren Schulabschlüsse der Mädchen und die mittlerweile hohe Ausbildungsquote junger

Frauen bewahren sie nicht automatisch vor Erwerbslosigkeit und den Benachteiligungen im Erwerbsleben. Die jungen Frauen registrieren gesellschaftliche Rollenzuweisungen, das ungelöste Problem der Vereinbarkeit zwischen Familie und Beruf sowie die insgesamt schlechteren Chancen für Frauen auf dem Arbeitsmarkt. Überkommene Weiblichkeitsvorstellungen, Entmutigungen und strukturelle Zwänge kanalisieren junge Frauen in das bekannte enge Spektrum typischer Frauenberufe.

In den neuen Bundesländern, wo bald nach der Wende eine Vielzahl von Mädchenprojekten entstand, arbeiten die Pädagoginnen bis heute in der Regel nur mit Zeitverträgen. Stärker als im Westen richten sich die Angebote in Ostdeutschland vor allem auf Berufsförderungsmaßnahmen, während Hilfsangebote für Mädchen in Gewaltsituationen und Krisen noch unzureichend sind. Während in den Mädchenprojekten im Westen das Ziel der Selbstbestimmung im Vordergrund steht, hat sich dieses Ziel im Osten noch nicht durchsetzen können, fehlt für eine strukturellen Verankerung von Mädchenförderung auch die Einsicht der Behörden.

In bezug auf Migrantinnen gibt es in der Jugendhilfe bisher keine spezifischen Angebote und Konzepte, fehlen ausreichend Fluchtmöglichkeiten bei Gewalterfahrungen und Krisen und stehen weniger Ausbildungs- und Arbeitsplätze als für deutsche Mädchen zur Verfügung. Das Konzept der interkulturellen Mädchenarbeit harrt noch einer systematischen Umsetzung zur Integration der verschiedenen kulturellen Hintergründe und zum Abbau von Vorurteilen seitens deutscher Mädchen.

Im öffentlichen Raum ist für das Bewegungsbedürfnis von Mädchen und jungen Frauen in der Form eigener Spiel- und Sportplätze bisher kaum Platz geschaffen worden, so daß Mädchen nach wie vor die Öffentlichkeit als Dominanzbereich von Jungen erleben.

Nur in enger Kooperation zwischen engagierten Mitarbeiterinnen aus der Jugendarbeit, Frauenpolitikerinnen und interessierten Fachfrauen in Institutionen gelang es, auf regionalen Ebenen Mädchenarbeit als Regelanforderung strukturell zu verankern. Dies sichert zwar die bestehende Mädchenarbeit und Mädchenprojekte in diesen Regionen ab, fördert die Weiterentwicklung und Praxis von Jungenarbeit und bewahrt damit die geschlechtsspezifische

Basis als Grundlage für Gendermainstreaming und als Lernfeld für geschlechtsspezifische Differenzierung. Doch die konkrete Umsetzung innerhalb der koedukativen Einrichtungen gelingt in der Breite vermutlich nur über verbindliche Vorgaben, die an Zuschüsse gebunden sind, als top-down-Verfahren, die zur Überwindung der Vorbehalte gegen Mädchen-(und Jungen-)Arbeit zwingen.

Allerdings macht die Kenntnis institutioneller Strukturen mit ihrem Beharrungsvermögen in bezug auf hierarchische Anordnung, Sicherung persönlicher Privilegien, Abschottung gegenüber Lern- und Veränderungsprozessen sowie erfolgreichen Verweigerungshaltungen und eingespielten Seilschaften hinsichtlich der Durchsetzung grundlegender Veränderungen in der Geschlechteranordnung und geschlechtsspezifischer Machtkonstellationen nicht allzu optimistisch. Dies trifft auch für die Umsetzung von Gendermainstreaming zu, das den Machtaspekt im Konzept bekanntlich ausgelassen hat.

Perspektiven für die Mädchenarbeit im Gendermainstream

Das politische Konzept des Gendermainstreaming will eine Basis dafür schaffen, die Wahrnehmung der Geschlechter, ihrer jeweiligen gesellschaftlichen Situationen und des Prozesses, in dem sich Geschlechtsrollen und Geschlechterhierarchie im Doing Gender herausbilden, zu schärfen, um am Ende Geschlechterpolaritäten überwinden zu können (vgl. Niedersächsisches Ministerium 2000, Kuhlmann 2000). Jedoch setzt diese Vorgehensweise die Fähigkeit zur geschlechtsspezifischen Wahrnehmung und die Möglichkeit zur Arbeit in geschlechtsspezifischen Gruppen voraus, um die nötigen Mittel in der Hand zu haben, die Geschlechterpolaritäten zu erkennen.

Gendermainstreaming kommt als politisches Handlungsprinzip zu einem Zeitpunkt, zu dem das Scheitern der Gleichstellungspolitik in bezug auf die Umsetzung einer geschlechtergerechten Gesellschaft begriffen wurde, jedoch zugleich vehement geleugnet wird. Insofern ist es zur Zeit noch völlig offen, ob die Wahrnehmung der unterschiedlichen gesellschaftlichen Situationen von

Mädchen und Jungen, Frauen und Männern wirklich gestärkt werden kann, ob es gelingen wird, die Benachteiligungsstrukturen und Zuweisungsprozesse auch bei solchen Personen aufzudecken, die den anstehenden Lernprozessen Widerstände entgegensetzen, vor allem dann, wenn ihre eigene Position hinterfragt wird.

Die Lage mädchenspezifischer Arbeit, soweit sie sich zur Zeit einschätzen läßt, macht deutlich, daß jede Infragestellung mit dem Argument der Dekonstruktion oder des Gendermainstreaming als fachlich unangemessen zurückgewiesen werden kann und muß. Dekonstruktion der Geschlechtsrollen ist ohnehin grundlegendes feministisches Ziel, das die Zuweisung untergeordneter und machtloser Rollen an Frauen beenden will. Die machtbesetzte Rolle wird sich allerdings kaum selbst dekonstruieren, solange sie im System der Geschlechterhierarchie aufgehoben ist. Die Hoffnung auf Veränderung liegt hier vor allem in einer Jungensozialisation, die keinen Nachschub für Dominanzen mehr produziert.

Gegenwärtige Zeichen mahnen zur Vorsicht, verstärkter Aufmerksamkeit und offensivem Einmischen bei der Umsetzung des Gendermainstreaming. Geschlechtsspezifische Räume und Arbeitsansätze müssen vehement verteidigt, das ExpertInnentum derjenigen muß anerkannt werden, die sich in den vergangenen zehn bis zwanzig Jahren entsprechende Kompetenzen angeeignet haben.

Die Widersprüche, Verdeckungen und Erwartungen infolge gesellschaftlicher Veränderungen, meinen Funk/Schwarz (1999), stellen immer wieder neue wechselnde Ansprüche an Mädchen und junge Frauen, die sie individuell zu erfüllen versuchen. Praxis und Forschung müssen dementsprechend immer wieder neue Sichtweisen und Handlungsstrategien entwickeln, um die Auswirkungen der sich verändernden Erscheinungsformen der Geschlechterverhältnisse zu erkennen und zu analysieren.

„In diesem Sinne muß der Zugang zu Mädchen immer neu gedacht werden, vermittelt über die Einsicht in die Qualität, die die Geschlechterhierarchie im Prozeß der Modernisierung, der sozialen Deregulierung angenommen hat." (ebd., S. 88)

Mädchenspezifischer Arbeit wird angesichts moderner Entwicklungen und Diskussionen daher insgesamt eher ein Zuwachs an Bedeutung denn eine Minderung zugeschrieben (vgl. Kuhlmann 2000, Weber 2001, Stiegler 2001, Focks 2000). Es gilt mit einer erhöhten Achtsamkeit gerade auf die widersprüchlichen Anforderungen und Wahrnehmungen angemessen einzugehen:

- Die Wahrnehmung der Mädchen von der gesellschaftlichen Realität, die sie immer noch entwertet, bestätigen und sie dennoch nicht als Opfer festschreiben,
- Bewältigungsformen zulassen und stützen, auch wenn sie provozierend und für Erwachsene oft schwer auszuhalten sind,
- die Stärke von Mädchen sehen und fördern, aber destruktives Machtverhalten erkennen und positiv umlenken,
- mehr Experimentierfelder und Freiräume denn je eröffnen, Solidarität unter Mädchen fördern, Widersprüche aushalten, Überschreitung von Begrenzungen zulassen und ermöglichen.

„Ziel bleibt aber Selbstbestimmung: Selbstbestimmung der Mädchen in Räumen, die sie entlasten vom Agieren im Geschlechterverhältnis, Entlasten von latenten Gewaltdrohungen." (Bitzan/Daigler/Rosenfeld 1999, S. 182) Ferner geht es „um Selbstbestimmung des pädagogischen und politischen Settings, um ein Arbeiten in Strukturen, in denen die eigenen Standards der Maßstab des Erfolgs sind. Auch heute ist die Doppelstrategie der sinnvolle Weg: autonome Räume zur (Weiter-)entwicklung der eigenen Standards sowie fachliche und politische Einmischung, die Geschlechterdifferenzierung und vor allem Mädchengerechtigkeit bei allen Trägern und in bezug auf alle Maßnahmen einfordert. In diesem Sinn haben die autonomen Projekte über ihren Selbstzweck hinaus auch einen unschätzbaren Wert für die Weiterentwicklung der Jugendhilfe insgesamt." (ebd.)

Das Gendermainstreaming-Konzept kann eine Chance sein, wenn die Forderungen für Mädchen und junge Frauen in der Mädchenarbeit weiter verfolgt und durch eine entsprechende Jungenarbeit ergänzt werden. Doch ist Skepsis durchaus angebracht, erhöhte Wachsamkeit und Aktivität, wie Gabriele Naundorf, eine der Begründerinnen der westdeutschen Mädchenarbeit in den 70er Jahren, heute formuliert: „Die Vorstellung, daß das Gendermainstreaming eine Berücksichtigung der Belange von Mädchen und Frauen in allen Bereichen bewirken könnte, finde ich wunderbar. Aber meine feministische Erfahrung sagt mir: Ohne viel Aufmerksamkeit und Kampf bekommen wir nichts oder zu wenig." (Interview in betrifft Mädchen 3/2000, S. 5)

Für die Mädchenarbeit stellt sich die Aufgabe, Orientierungen in diesen Veränderungen, Ansprüchen und Widersprüchen zu vermitteln, Handlungsformen auszuprobieren, Freiraum zu schaffen zur Selbstdefinition, zum positiven Umgehen mit Widersprüchen, Bildern, Normen, Erwartungen und Erfahrungen (vgl. Weber 2001, Stiegler 2001). Somit handelt es sich um konkrete Lebenshilfe in einer gesellschaftlichen Realität, die – pluralisiert, individualisiert und medialisiert – mit jeweils neuen Ausblendungen belegt ist und unter vordergründig modernisierten Lebensbedingungen alte geschlechtshierarchische Männlichkeits- und Weiblichkeitsvorstellungen von Dominanz und Verfügbarkeit produzieren. Mehr denn je erscheint es daher notwendig, den konkreten Erlebnisweisen und Erfahrungen der Mädchen Raum zu geben und von ihnen auszugehen, ihnen nicht mit wieder neuen Ansprüchen und Anforderungen zu begegnen. „Mädchenarbeit zeichnet sich noch immer dadurch aus, daß sie die Ansprüche von Mädchen, die aus (unbewältigten) Konflikten resultieren, wahrnehmen und bearbeiten und daß sie verdeckte Konflikte dechiffrieren kann." (Funk/Schwarz, S. 92)

Ansprüche von Mädchen auf Autonomie und Experimentierräume müssen daher eingelöst werden. Sie brauchen Akzeptanz der von ihnen getroffenen Entscheidungen und Unterstützung in der Variation der von ihnen gelebten/erprobten Geschlechtsrollen (vgl. Stauber 1996).

Sigrid Metz-Göckel fragt, „wie stark sich selbst vertrauende Mädchen in einer Kultur männlicher Hegemonie, die sie ständig Abwertungsprozessen aussetzt, heranwachsen können und wie sie die vorgegebene Asymmetrie unterlaufen können" (Metz-Göckel, S. 268). Selbstvertrauen spielt hierbei eine entscheidende Rolle, um für die anstehenden Durchsetzungs- und Auseinandersetzungsprozesse gerüstet zu sein. Die Schwächung des Selbstvertrauens von jungen Frauen während der Pubertät muß daher verhindert werden, um diese Voraussetzung zu schaffen.

Dies setzt wiederum ein systematisch verändertes Selbstbild von Jungen und ein Abrücken der Männer vom traditionellen Dominanzanspruch voraus, der sich auf Verfügbarkeit/Unterlegenheit von Frauen gründet und diese immer wieder neu herstellt. Da das Verhältnis von Männern zum Reproduktionsbereich bisher noch fast unverändert traditionell und ihre Bereitschaft, diesen Bereich hälftig zu übernehmen und die Berufswelt mit den Frauen gleichermaßen hälftig zu teilen, bisher verschwindend gering ist (vgl. Höyng/Puchert 1998, Meuser 1998, Bourdieu 1997), kann ein Festhalten von Frauen an der Verantwortlichkeit für Kinder, an der Mutterrolle, möglicherweise, meint Metz-Göckel, darin begründet sein, „weil sie mit Kindern eine einzigartige sozial anerkannte Lebenserfahrung verbinden" (Metz-Göckel, S. 273).

Das hohe Defizit bei Jungen und Männern in bezug auf die Entwicklung von Fähigkeiten zur Teilhabe am Reproduktionsbereich verweist auf den dringenden Handlungsbedarf zur Veränderung von Männlichkeitsbildern, männlicher Sozialisation und der Beendigung geschlechtshierarchischen, dominanzorientierten Denkens und Handelns. Hieran wird bisher noch viel zuwenig gearbeitet – die Delegation dieser Aufgabe an eine immer noch längst nicht weit genug entwickelte und praktizierte Jungenarbeit reicht nicht hin, um dieses gesellschaftsstrukturelle Problem in absehbarer Zeit zu lösen. Es bleibt abzuwarten, ob die Strategie des Gendermainstreaming Männlichkeit kritisch ins Zentrum von Maßnahmen rücken oder eher zementieren wird.

Für mädchenspezifische Ansätze bedeutet die Analyse der derzeitigen gesellschaftlichen Situation für Mädchen und Frauen, daß sie mitnichten obsolet sind, sondern sich, wie oben gesagt, auf die Verdeckung der geschlechtshierarchischen Verhältnisse, auf die Bearbeitung der Widersprüche, nach wie vor existierender Benachteiligung und Kanalisierung in Richtung verfügbarer Weiblichkeit einstellen und darauf mit angemessenen Maßnahmen reagieren müssen. Diese Maßnahmen sollten sich nach den unterschiedlichen gesellschaftlichen Bereichen, die für Mädchen und junge Frauen relevant sind, differenzieren: Ausbildung und Beruf, Gesundheit, Erziehungshilfen, Schutz vor Gewalt, Partizipation, Bewegung/Sport, Migration usw.

Um eine umfassende Bewertung der bereits entwickelten Ansätze und ihrer Wirkungsweisen zu erlauben, ist die Erstellung einer umfassenden Bestandsaufnahme mädchenspezifischer Ansätze in allen gesellschaftlichen Bereichen dringend erforderlich. Ein Schwerpunkt muß dabei auf der Erhebung des Nutzerinnenverhaltens, der Vielfalt der Interessen der Mädchen und konkreter

Effekte auf ihre Entscheidungen und Einstellungen über einen längeren Zeitraum liegen. Erst wenn solche Ergebnisse vorliegen, ist es möglich, fundierte Aussagen über die Angemessenheit bestehender Konzepte und Praxen sowie Veränderungsbedarf zu treffen. Solange eine entsprechende Untersuchung fehlt, ist der aus der Mädchenarbeit heraus geforderte und vorgeschlagene Weg überzeugend, mit Nachdruck der Orientierung an den Mädchen, ihren Aussagen, Handlungen und Entscheidungen, Raum zu schaffen. „Die Weiterentwicklung der Arbeit für und mit Mädchen und jungen Frauen wird nur dann gelingen, wenn sie immer wieder konsequent von den Mädchen ausgeht... Das konsequente Hinhören auf die Mädchen und Hinterfragen bestehender Ansätze auf eingespielte Formen, die letztlich wieder übergehen." (Bitzan/Daigler/Rosenfeld 1999, S. 187)

Rauw/Reinert (2001) verlangen dabei eine neue Positionierung von Mädchenarbeit auf dem Hintergrund der breiten Debatte zur Dekonstruktion von Geschlechtsrollen, der konsequenten Ablösung von Definitionen und Annahmen über weibliche Identität. Diese allerdings nicht ganz neue Debatte, die die soziale Konstruktion von Geschlecht betont, gibt dem feministischen Ansatz an der Mädchenarbeit neues Gewicht, der ein Abrücken von Geschlechtsrollendefinitionen und eine Offenheit für die Selbstbestimmung der eigenen Identität immer schon in den Mittelpunkt stellte (vgl. Savier/Wild 1979, Heiliger 1993).

„Kulturelle, sexuelle, emotionale Festschreibungen und Konstruktionen aufzulösen bedeutet, sich auf einen permanenten Bewußtwerdungsprozeß einzulassen", formulieren Rauw/Reinert (2001, S. 12), was die Grundlage jedes feministischen Denkens und Handelns darstellt.

Unterschieden zwischen Mädchen in ihrer sozialen Situation, Kultur, Schichtzugehörigkeit, sexuellen Orientierung und regionalen Verortung muß dabei mehr Beachtung geschenkt werden, um mit angemessenem Zuschnitt die Mädchen zu erreichen (vgl. Focks 2001). Partizipation wird einen zunehmenden Stellenwert als „zentrales Gestaltungsprinzip" (Rauw/Reinert 2001) in der Mädchenarbeit erhalten, als „konsequente Umsetzung des Anspruchs... die Mädchen mit ihrer Subjektperspektive wahrzunehmen und einzubeziehen" (ebd., S. 10).

Als Herausforderung stellt sich verstärkt die Ambivalenz von Mädchen zwischen Ansprüchen und Integrationswünschen, zwischen Ausbrechen aus Normen und Wünschen nach Normalität, zwischen Rebellion und Anpassung, Eigenständigkeit und Unterwerfung (vgl. Funk/Schwarz 1999). Gefordert ist die Unterstützung der Mädchen im Ausprobieren der angebotenen Weiblichkeitsbilder und in der Verarbeitung von Erfahrungen und Reaktionen. Die gezielte Förderung von Solidarität unter Mädchen muß den Tendenzen zu Ausgrenzung, Konkurrenz und Aggression entgegengesetzt werden.

Dem koedukativen und mädcheneigenen Raum kommen dabei ganz unterschiedliche Bedeutungen zu. „Wegweisende Prinzipien (haben sich) aus den autonomen Projektbereichen in institutionelle Bereiche und angrenzende Gebiete hinein verbreitert", stellen Funk/Möller (in Böhnisch u.a. 1995) aus ihrer Analyse der ersten Phase des Bundesmodellprogramms „Mädchen in der Jugendhilfe" fest. Sie formulieren damit die Erfahrung, die autonome Projekte seither in bezug auf ihre häufig nachgefragte Rolle in der Weiterentwicklung der Jugendhilfe und der Qualifizierung für die Mädchenarbeit auch in koedukativen Bereichen berichten.

Die Bedeutung mädchenspezifischer Räume und die Verfügbarkeit von Personal und Ressourcen allein für die Mädchen und für die Stärkung ihres Selbstwertgefühls dürfte unbestritten sein. Die Barrieren, die ihrer Nutzung immer wieder entgegenstehen (Vorurteile, Antifeminismus, Angst vor Diskriminierung), können durch stärkere Öffnung in die Stadtteile hinein, durch Zusammenarbeit mit anderen Einrichtungen der Region und das Verlassen der Einrichtungen mit Aktionen und Partizipationen abgebaut werden (vgl. Heinemann 2001). Die partielle Öffnung für Jungen kann den Vorurteilen der Männerfeindlichkeit entgegenwirken und den Mädchen selbst die Entscheidung über die Einbeziehung oder den Ausschluß von Jungen teilweise überlassen. Die Erfahrungen aus Berlin zeigen, daß solch eine partielle Einbeziehung unter Beibehaltung der Bestimmungsmacht der Mädchen über das Projekt ein wichtiger Lernschritt im Ausprobieren eigener Macht im Verhältnis zu Jungen und in der Entwicklung selbstbestimmter Identität sein kann, die am Ende den mädchenspezifischen Raum mehr zu schätzen weiß als vorher.

„Im koedukativen Bereich von Einrichtungen der Jugendhilfe sollten noch mehr Wege der Stärkung und Einbindung von Mädchen in eigene Räume erprobt werden", meinen Funk/Möller (1995, S. 139). Die einzige vergleichende Arbeit von Mädchenarbeit in eigenen bzw. koedukativen Räumen (Möhlke/Reiter 1995) zeigt die engen Begrenzungen dessen auf, was mit Mädchenarbeit im gemischten Freizeitbereich im Vergleich zu autonomen Mädchenprojekten erreicht werden kann. Für diejenigen Mädchen aber, die die Schwelle in ein reines Mädchenprojekt nicht überwinden oder die auf eine koedukativ ausgerichtete Institution angewiesen sind, ist die Bereitstellung geschlechtshomogener Angebote und Räume in diesem Rahmen ohne Zweifel notwendig und sinnvoll.

Doch könnte es im koedukativen Kontext wesentlich intensiver als bisher auch um Begleitung und Bestärkung der Mädchen im Umgang mit Jungen gehen, um Unterstützung der aktiven Potentiale der Mädchen in der Begegnung mit männlicher Überlegenheit (vgl. Funk/Schwarz 1999, S. 100). Mädchen sind in ihrem Verhältnis zu und ihrer Einschätzung von Jungen oft ambivalent: „Mädchen kritisieren an Jungen u.a. deren potentielle und reale Bereitschaft zu Gewalttätigkeiten und traditionellem Männerverhalten ebenso wie unentschlossene ‚neue Sanftheit'" (ebd., S. 98). Sie wissen, was sie nicht wollen, haben aber (noch) keine Bilder über gewünschte Männlichkeit (vgl. ebd.). Kritisch-solidarische Begleitung in dieser Auseinandersetzung, Bereitstellung von Austausch und Reflexion über Wünsche, Ängste und Erfahrungen ebenso wie Einübung von Grenzsetzungen bei Übergriffen und von Aushandlungsprozessen der Bedürfnisse von Mädchen und Jungen könnten im Sinn des Gendermainstreaming vermehrt geleistet werden.

Allerdings stellt dieses Szenario hohe Anforderungen an die Pädagogin und stellt ihre individuelle Konfliktfähigkeit, Toleranz und Durchhaltekraft auf harte Proben, denen manche über einen längeren Zeitraum hin nicht standhalten. So bleibt die Erfahrung, daß in reinen Mädchenräumen eine andere Qualität von Prozessen durch die Abwesenheit der ständigen Konfrontation mit Jungen möglich ist. Möhlke/Reiter (1995) sind aufgrund ihrer Erfahrungen davon überzeugt, daß Mädchen eigene Räume wollen und brauchen: „Unabhängig von sozialer oder kultureller Herkunft brauchen und wollen Mädchen und junge Frauen öffentliche und darüber hinaus mädchenspezifische Angebote und Räume, die frei sind von männlicher Dominanz, Begutachtung, Bewertung und Gewalt." (ebd., S. 46) Dies trifft auch auf die Pädagogin selbst zu, die im geschlechtshomogenen Raum konzentriert mit den Mädchen arbeiten kann, ohne ständig ein hohes Maß an Energie von den Mädchen ab- und den Jungen zuwenden zu müssen. Die in letzter Zeit häufig betonte Verabschiedung von der Defizitperspektive auf die Mädchen – dargestellt u.a. als Paradigmenwechsel (vgl. Meyer/Seidenspinner 1999) – leitet sich nach meiner Einschätzung nicht aus den konkreten Angeboten und Erfahrungen der Praxis in der Mädchenarbeit ab, die umgekehrt schon immer „an den Stärken ansetzen" als Grundprinzip verfolgte. Die Reaktion: „Das habe ich nicht nötig", entspringt gesellschaftlich produzierten Vorurteilen und Ängsten gegenüber reinen Mädchen- und Frauenzusammenhängen, die abgebaut werden müssen, um den Mädchen den Zugang zu erleichtern sowie die Beibehaltung positiver Bewertung von Mädchenbezügen und Mädchenfreundschaften aus der Kindheit zu ermöglichen.

Neue Begründungen für parteiliche Mädchenarbeit durch Gendermainstreaming und gesellschaftliche Veränderungen

Gendermainstreaming darf nicht den Ersatz geschlechtsspezifischer/geschlechtshomogener Arbeit, sondern eher ihre Absicherung und Verstärkung bedeuten, wie Stiegler formuliert: „So sind Mädchenförderprogramme, die zum Beispiel die Infrastruktur der Mädchenarbeit stützen, keineswegs Auslaufmodelle, sondern ein notwendiger Beitrag zu einer gerechteren Ressourcenverteilung. So ist z.B. die Einrichtung von Mädchenhäusern nicht ein Akt der Gnade für eine benachteiligte Zielgruppe, sondern die gesellschaftlich notwendige Antwort auf männliche Gewalt." (Stiegler 2001, S. 70) Stiegler unterscheidet in der Geschlechterpolitik vier Ebenen: Gesetze/Leitbilder und Normen, Quotierung, Gendermainstreaming und autonome Strukturen und Praxen von Frauen: „Diese sind und bleiben eine Quelle geschlechtsspezifischer Erfahrungen und Erkenntnisse, die von entscheidender Bedeutung für die Gestaltung der Geschlechterverhältnisse sind." (ebd.) Sie hebt die Bedeutung mädchenspezifischer und geschlechtshomogener Ansätze besonders hervor und befindet sich damit auf einer Linie mit Helga Krüger, die der Auffassung ist, Mädchenprojekte seien der „Dreh- und Angelpunkt, um in der Kinder- und Jugendhilfe... selbst modern denken zu lernen" (Krüger 2000, S. 49). Monika Weber sieht sogar einen „Funktionszuwachs" (Weber 2001, S. 78) parteilicher Mädchenarbeit statt eine Minderung ihrer Bedeutung: Hilfestellung für Orientierungen, die Auseinandersetzung mit herrschenden Weiblichkeitsbildern und widersprüchlichen Erwartungen, Fragen der Lebensplanung in der Zeit einer Neudefinition der weiblichen Rolle:

„Angesichts der Ungleichzeitigkeiten und Widersprüchlichkeiten der Individualisierungsprozesse wird es auch in Zukunft zentrale Aufgabe der Mädchenarbeit sein, Vereinseitigungen in Mädchenbildern entgegenzutreten, Ambivalenzen zuzulassen, Verdecktes sichtbar zu machen, Zwischentönen nachzuspüren und das ‚sowohl als auch' zu denken." (ebd.)

Auch Carola Kuhlmann (2000) hält mädchenspezifische Arbeit und dabei insbesondere das Konzept der mädcheneigenen Räume nicht nur nicht für überholt, sondern sieht sie neu begründet mit dem Konzept des „Doing Gender", der aktiven versus passiven Aneignung medial und sozial vermittelter Geschlechtsrollenbilder, die sich entgegen der Behauptung von Meyer/Seidenspinner (1999) im gesellschaftlichen Alltag mitnichten auflösen.

Um die Auflösung von Geschlechterhierarchie und Selbstbestimmung der eigenen Geschlechtsrolle zu fördern, sind Auseinandersetzungen und Freiräume erforderlich, denn diese Entwicklungen vollziehen sich in einer nach wie vor im wesentlichen geschlechtshierarchisch strukturierten Gesellschaft nicht von allein. Das Spektrum lebbarer Identitäten ist zwar breiter und vielfältiger geworden, jedoch werden deutliche Abweichungen von Stereotypen insbesondere in der Phase pubertärer Orientierungssuche zum Teil stark sanktioniert – insbesondere unter den Jugendlichen selber (vgl. Heiliger/Engelfried 1995, Heiliger/Permien 1995). „Für Mädchen... bedeuten eigene Räume nach wie vor eine wichtige Gegenerfahrung zu den sonstigen Erfahrungen in der Öffentlichkeit. Nicht die Auflösung der Koedukation, aber geschlechtshomogene Gruppen neben und/oder in den regulären Jugendzentren sind nach wie vor zu fordern... Als Freiräume zur Entwicklung sind Mädchenräume bis heute politisch suspekt. Hier stehen wir immer noch erst am Anfang, aber nicht am Ende der Projekte." (Kuhlmann 2000, S. 237)

Der Rede von der Auflösung der individuellen und kollektiven Geschlechtsrollen und -identitäten widerspricht die reale Erfahrung männlicher Bestimmungsmacht und Dominanz. Diese Erfahrung braucht einen Raum zur Thematisierung, zum Verstehen der gesellschaftsstrukturellen Ursachen und der Loslösung aus dem Einflußbereich der Dominanz und damit zur Aneignung von Autonomie und Selbstbestimmung für Mädchen: „Mädchenarbeit braucht konkrete und symbolische Räume zum Lernen und Experimentieren in der geschlechtsgetrennten Gruppe. Räume, in denen sie sich – jenseits männlicher Maßstäbe und männlicher Dominanz – eigenständig und selbstbestimmt entwickeln und ihre eigenen Interessen, Bedürfnisse, Werte und Stärken einbringen und ihnen Geltung verschaffen können." (Focks 2000, S. 83)

Mädchenarbeit ist und bleibt im Gendermainstream, in der Jugendarbeit und Jugendhilfe die Basis für geschlechtsspezifisches Lernen und Handeln. Die zielgruppen- und themenspezifisch weit ausgefächerten und differenzierten Ansätze in der Praxis könnten noch wesentlich mehr Mädchen erreichen, sich damit erheblich ausweiten und in der Breite viel wirkungsvoller sein, wenn die Barrieren gesenkt würden, die der Inanspruchnahme von Mädchenarbeit vielfach noch entgegenstehen. Der Ruf nach Mädchenarbeit, die nur noch auf bestimmte Zielgruppen zugeschnitten sein soll, kreiert erst eine Problem- und Defizitorientierung auf diejenigen, die es wohl besonders nötig hätten. Dieser Ruf geht gerade von denjenigen aus, die der feministischen Mädchenarbeit vorwerfen, „Opfer" zu schaffen. Umgekehrt ist Integration der Vielfalt an Kulturen, Lebensformen und Lebensmöglichkeiten das Zeichen für die Zukunft, das Erfahrungshorizonte erweitert, Toleranzen fördert und Ausgrenzungen entgegenwirkt.

Literatur

Alltag, Jule (Hg), *Eigentlich hab ich's schon immer gewußt. Lesbisch-feministische Arbeit mit Mädchen und jungen Lesben*, Hamburg 1996.

Andruschow, Katrin/Rita Mersmann, *Wir können auch anders!! Mädchenarbeit in Berlin (Ost) und in Brandenburg*, DPWV (Hg.), Berlin 1993.

Bachor, Ursula/Leyla Yilmaz, *Interkulturelle Mädchenarbeit*, Kurzfassung des Abschlußberichts des Modellversuchs zur Entwicklung und Erprobung interkultureller Lernprozesse mit deutschen und türkischen Mädchen, Mädchenladen Berlin-Wedding 1986.

Bachor, Ursula, „Die vielen Gesichter der Mädeas. Ein interkulturelles Zentrum für Mädchen und junge Frauen in Berlin-Wedding", in *Betrifft Mädchen* 4/2001, S. 16-18.

Balbach, Sonja, *Wir sind auch die kämpfende Front. Frauen in der rechten Szene*, Hamburg 1994.

Bange, Dirk, *Die dunkle Seite der Kindheit. Sexueller Mißbrauch an Mädchen und Jungen*, Köln 1992.

Bange, Dirk/Ursula Enders, *Auch Indianer kennen Schmerz. Sexuelle Gewalt gegen Jungen*, Köln 1995.

Bange, Dirk/Wilhelm Körner, *Handwörterbuch Sexueller Mißbrauch*, Göttingen 2002.

Bauernfeind, Claudia, *Ausrasten, Rotsehen, Aufs Maul hauen. Lebensgeschichtliche Darstellung von gewalttätigen Mädchen*, Diplomarbeit im Fach Psychologie an der LMU, München 1993.

Baurmann, Michael, *Sexualität, Gewalt und psychische Folgen*, Wiesbaden 1983.

Benard, Cheryl/Edit Schlaffer, *Let's kill Barbie! Wie aus Mädchen tolle Frauen werden*, München 1997.

Bieringer, Ingo/Walter Buchacher/Edgar J. Forster (Hg.), *Männlichkeit und Gewalt. Konzepte für die Jungenarbeit*, Opladen 2000.

Birsl, Ursula, „Rechtsextremistische Orientierungsmuster bei Mädchen und jungen Frauen. Ergebnisse eines explorativen Studie", in FOCUS 3/92, Zeitschrift der Katholischen Fachhochschule Freiburg.

Bitzan, Maria/Claudia Daigler/Edda Rosenfeld, „Der doppelte Blick. Querdenken und strategisch handeln", in SPI Berlin (Hg.), *Neue Maßstäbe. Mädchen in der Jugendhilfeplanung*, Berlin 1999, S. 178 – 188.

Bitzan, Maria/Claudia Daigler/Edda Rosenfeld, „Jugendhilfeplanung im Interesse von Mädchen", in SPI Berlin (Hg.), *Neue Maßstäbe. Mädchen in der Jugendhilfeplanung*, Berlin 1999, S. 9-16.

Bitzan, Maria/Claudia Daigler, *Eigensinn und Einmischung. Einführung in Grundlagen und Perspektiven parteilicher Mädchenarbeit*, Weinheim und München 2001.

Bitzan, Maria, „Jugendhilfeplanung im Interesse von Mädchen – zur aktuellen Entwicklung der Fachdiskussion", in: SPI Berlin (Hg.), *Neue Maßstäbe. Mädchen in der Jugendhilfeplanung*, Berlin 1999, S. 57-73.

Blickhäuser, Angelika, „Gender-Trainings – ein Instrument zum Erwerb von Geschlechterkompetenz", in *BzgA-Forum* 4/2001, S. 14-17.

Blonski, Angela/Andrea Clauß/Simone Ruf, „Identifikation und Partizipation als Innovationsschub. Entwicklungen im Mädchentreff des Vereins Lilith e.V. in Pforzheim", in *betrifft Mädchen* 3/2000, S. 21-23.

Böhnisch, Lothar/Heidrun Pretzschner/Heide Funk/Berith Möller, *Modell-programm „Mädchen in der Jugendhilfe"*, Dresden 1995.

Bohn, Irina/Institut für Sozialarbeit und Sozialpädagogik (Hg.), *Von der mädchengerechten zur integrierten mädchengerechten Jugendhilfe-planung*, Bd. 134 der Schriftenreihe des BMFSFJ, Stuttgart 1996.

Boss-Nünning, Ursula, „Die Zukunft der Mädchenarbeit in NRW", in Fuma (Hg.), a.a.O., S. 53-58.

Bourdieu, Pierre, „Männliche Herrschaft revisited", in *Fem.Studien* II/1997.

Brockfeld, Silvia, Christine Theis, „...daß es mehr ist, als nur essen und nicht dick werden wollen. Angeleitete Selbsthilfegruppen für Mädchen und junge Frauen mit Eßstörungen", in *Betrifft yMädchen* 1/1995, S. 12-14.

Brockhaus, Ulrike/Maren Kolshorn, *Sexuelle Gewalt gegen Mädchen und Jungen*, Frankfurt am Main/New York 1993.

Brommer, Sabine, „Neue Perspektiven in der Geschlechterpolitik?", in *ajs-informationen* 1/2002, S. 4-8.

Brown, Lyn M./Carol Gilligan, *Die verlorene Stimme. Wendepunkte in der Entwicklung von Mädchen und Frauen*, Frankfurt 1994.

Bruhns, Annette/Simone Kempf/Andrea Rigos/Susanne Weingarten, „Die heimliche Revolution", in *Der Spiegel* 25/1999, S. 76-86.

Bruhns, Kirsten/Svendy Wittmann, *„Ich meine, mit Gewalt kannst du dir Re-spekt verschaffen." Mädchen und junge Frauen in gewaltbereiten Jugend-gruppen*, Opladen 2002.

Bültmann, Gabriele, „Mädchenarbeit auf dem Weg. Ergebnisse einer neuen Expertise", in *BzgA Forum* 3-2000.

Bundesministerium für Familie, Jugend, Frauen und Sport, *6. Jugendbericht der Bundesregierung: Zur Verbesserung der Chancengleichheit von Mädchen*, Bonn 1984.

Bundesministerium für Familie, Senioren, Frauen und Jugend (Hg.), *Gewalt gegen Frauen. Pädagogische Empfehlungen, Unterrichts- und Projekt-vorschläge zu Gewalt gegen Frauen und Mädchen*, Bonn, 1994.

Bundesministerium für Familie, Senioren, Frauen und Jugend, Stiftung SPI, MÄDEA, Interkulturelles Zentrum für Mädchen und junge Frauen, Ursula Bachor (Hg.), *Mädchen in Sozialen Brennpunkten*, Berlin 2000.

Bunch, Charlotte, „Der unerträgliche Status Quo: Gewalt gegen Mädchen und Frauen", in Heiliger, Anita/Steffi Hoffmann (Hg.), *Aktiv gegen Männer-gewalt. Kampagnen und Maßnahmen gegen Gewalt an Frauen interna-tional*, München 1998.

Bütow, Birgit, „Fachliche Standortbestimmung von Mädchenarbeit in den Neuen Bundesländern", in *Der Paritätische* (Hg.) 2000, S. 39-51.

Campbell, Anne, *Zahnige Frauen, wütende Männer. Geschlecht und Aggression*, Frankfurt/Main 1995.

Celik, Husniye/Christine Kunsleben, „Mädchenhaus Bielefeld e.v. Verein zur Unterstützung feministischer Mädchenarbeit e.v., Zufluchtsstätte", in *betrifft Mädchen* Dez. 1994, S. 6-10.

Chwalek, Doro-Thea, „Mädchenarbeit an der Schwelle zum 21. Jahrhundert – Tendenzen, Perspektiven, Wünsche", in Hörmann, Martina/Brigitte Reinbold, *Die kleine Schwester der Frauenbewegung. Mädchenarbeit gestern, heute, morgen*, Frankfurt am Main 1996, S. 123-135.

Cordes, Annemarie, „Die schlüsselqualifizierte, allseits gebildete Persönlichkeit. Anspruch und Wirklichkeit der Vermittlung von Schlüsselqualifikationen und neuen Lerninhalten in einem Berufsbildungsprojekt für benachteiligte junge Frauen", in *Neue Praxis* 1/97, S. 77.

Cornelißen, Waltraud/Martina Gille/Holger Knothe/Petra Meier/Hannelore Queisser/Monika Stürzer, *Junge Frauen – junge Männer. Eine sekundäranalytische Auswertung von Umfragedaten*, Opladen 2002.

Couppies, Annabelle/Marion Achatz, „Pubertät bei Mädchen mit Behinderungen muß nicht therapiert werden!", in Kuhne/Mayer, a.a.O., S. 79-86.

Daigler, Claudia/Finkel Margarete, *Mädchen und junge Frauen in Erziehungshilfen. Eine Arbeitshilfe*, Hannover 2000.

Daigler, Claudia/Gabriele Hilke, „Mädchen kommen zu Wort. Ergebnisse des Praxis- und Forschungsprojektes ‚Mädchen in der Jugendhilfeplanung' zur mädchengerechten Beteiligung", in Wallner 1997, a.a.o., S. 94-109.

Daigler, Claudia/Margarete Finkel, „Einblicke: Zum Stand der Mädchenarbeit in den Erziehungshilfen. Erfahrungen aus einem Qualifizierungsprojekt mit Praktikerinnen", in *Forum Erziehungshilfen* 2/2001, S. 87-93.

Datz, Marianne/Sabine Siegelreitmeier, „Ich bin okay – du bist okay. Arbeit mit Mädchen und jungen Frauen in einem Heim für lern- und geistig behinderte Kinder und Jugendliche", in Kuhne/Mayer, a.a.O., S. 57-62.

Debbing, Cecilia/Marita Ingenfeld, „Die Mädcen sind der zentrale Ort, von dem die Mädchenarbeit ausgeht!", in *Forum Jugendhilfe* 3/98.

Degener, Theresia, „Selbstbstimmung für behinderte Frauen in und außerhalb von behinderten Einrichtungen. Ein neues Projekt der evangelischen Fachhochschule in Bochum", in *Info der bundesorganisationsstelle behinderter frauen*, Nr. 5, Juni 2001.

Der Paritätische Wohlfahrtsverband (Hg.), *Projektbericht: Mit Mädchen arbeiten – Qualität sichtbar machen. Perspektiven der Qualitätsdiskussion zwischen Professionalisierung und Legitimationsdruck*, Frankfurt/Main 2000.

Deutsche Shell (Hg.), *Jugend 2000*, Opladen 2000, Bd. 1 u. 2.

Dietz, Barbara, „Zehn Jahre 6. Jugendbericht – Erzieherische Hilfen für Mädchen", in Hessisches Ministerium für Umwelt, Energie, Jugend, Familie und Gesundheit (Hg.), *Mädchen vorne in Hessen?!*, Wiesbaden 1997, S. 135-140.

Diewald, Tanja, „Gleichberechtigt oder was? Gewaltbereite Mädchen und parteiliche Mädchenarbeit", in *Offene Jugendarbeit* 2/2001, S. 58ff.

DJI – Deutsches Jugendinstitut (Hg.), *Sexueller Mißbrauch von Kindern*. *Dokumentation der Nationalen Nachfolgekonferenz „Kommerzielle sexuelle Ausbeutung von Kindern"*, Opladen 2002.

Dölling, Irene, „Transformation und Biographien: »Selbstverständlichkeiten« im biographischen Konzept junger ostdeutscher Frauen", in Oechsle/Geissler 1998, a.a.O., S. 151-164.

Drägestein, Berd/Christof Grote, *Halbe Hemden – ganze Kerle. Jungenarbeit als Gewaltprävention*, Landesstelle Jugendschutz Niedersachsen (Hg.), Hannover 1998.

Drogand-Strud, Michael, „Braucht die Jugendhilfe Gendermainstreaming? Eine Auseinandersetzung mit einem Strategiekonzept und ein Schlaglicht auf die Jungenarbeit", in *Informationsdienst der Bundeszentrale für gesundheitliche Aufklärung* 4/2001, S. 25-31.

Ehlers, Johanna/Ariane Bentner/Monika Kowalczyk (Hg.), *Mädchen zwischen den Kulturen. Anforderungen an eine interkulturelle Pädagogik*, Frankfurt a.M. 1997.

Elfter Kinder- und Jugendbericht, BMFSFJ (Hg.), Berlin 2002.

„Empfehlungen der AGJ zur Umsetzung des GM im KJP des Bundes", in BAJ (Hg.), *Mädchen hier... Jungen da...!? Überlegungen zur geschlechtsbewußten Arbeit in Handlungsfeldern des Kinder- und Jugendschutzes*, Berlin 2001, S. 56-59.

Enders-Dragässer, Uta/Claudia Fuchs, *Interaktionen der Geschlechter. Sexismusstrukturen in der Schule*, Weinheim 1989.

Enders, Ursula (Hg.), *Zart war ich, bitter war's. Handbuch gegen sexuelle Gewalt an Mädchen und Jungen*, Köln 2001.

Enggruber, Ruth, *Gendermainstreaming und Jugendsozialarbeit*, Münster 2002.

Evangelischer Erziehungsverband, EREV (Hg.), *Mädchen und junge Frauen in Erziehungshilfe. Eine Arbeitshilfe*, Hannover 2000.

Evens, Marja, „Konkrete Erfahrungen mit feministischer Mädchenarbeit aus der Sicht der Hamburger Dollen Deerns", in Heiliger/Kuhne, a.a.O., S. 48-58.

Fastie, Friesa, *Zeuginnen der Anklage. Sexuell mißbrauchte Mädchen und junge Frauen vor Gericht*, Berlin 1994.

Fastie, Friesa, „Institutioneller Umgang mit Mädchen und jungen Frauen mit Gewalterfahrungen in der Jugendhilfe", in Sonderheft der Zs. *Frauenforschung und Geschlechterstudien*, Nov./Dez. 2002 (im Druck).

Fastie, Friesa (Hg.), *Opferschutz im Strafverfahren. Sozialpädagogische Prozeßbegleitung bei Sexualdelikten. Ein interdisziplinäres Handbuch*, Opladen 2002 b (im Druck).

Faulstich-Wieland, Hannelore/Marianne Horstkemper, *„Trennt uns bitte, bitte nicht!" Koedukation aus Mädchen- und Jungensicht*, Opladen 1995.

Faulstich-Wieland, Hannelore/Elke Nyssen, „Geschlechterverhältnisse im Bildungssystem – eine Zwischenbilanz", in Hans-Günter Rolff u.a. (Hg.), *Jahrbuch der Schulentwicklung*, Bd. 10, Weinheim 1998, S. 163-199.

Faulstich-Wieland, Hannelore, „Sozialisation von Mädchen und Jungen – Zum Stand der Theorie", in *Diskurs* 2/2000, S. 8-14.

Flaake, Karin, *Mädchenarbeit in der Landeshauptstadt Wiesbaden*, Referat Frauenbeauftragte beim Oberbürgermeister der Landeshauptstadt Wiesbaden (Hg.), Wiesbaden 1991.

Flaake, Karin, „Auf eigene Fähigkeiten vertrauen, statt sich liebevoll zurückzunehmen. Weibliche Adoleszenz und die Bedeutung einer geschlechtsbewußten Pädagogik", in *Päd. Extra* 9/91.

Flaake, Karin/Vera King (Hg.), *Weibliche Adoleszenz. Zur Sozialisation junger Frauen*, Frankfurt a.M. 1993.

Finkel, Margaret, „Für wen ist was Erfolg? Ergebnisse der JULE-Studie über die Situation von Mädchen in erzieherischen Hilfen", in *Forum Erziehungshilfen* IV/2000, S. 242-247.

Focks, Petra, „Benachteiligungs- und Privilegierungsdimensionen im Jugendalter", in SPI Berlin mit Mädea/Interkulturelles Zentrum für Mädchen und junge Frauen (Hg.), *Mädchen in sozialen Brennpunkten*, Berlin 2000, S. 63-93.

Förderplan für Mädchen und junge Frauen in der Jugendberufshilfe, Landschaftsverband Rheinland und Landschaftsverband Westfalen-Lippe (Hg.), Münster 1995.

Forster, Edgar J., „Jungenarbeit als Männlichkeitskritik", in *Kofra* 96/2002, S. 3-15.

Frankfurter Leitlinien zur Förderung der Mädchenarbeit in der Jugendhilfe, Dez. Frauen und Gesundheit, Frauenreferat, Dez. Soziales, Jugend und Wohnwesen, Jugendamt (Hg.), Frankfurt 1994, auch in *Hessische Jugend* 1/95.

Fuma (Frauen unterstützen Mädchenarbeit) e.V., *Verschiedenes und Gleiches. Entwicklungen und Perspektiven interkultureller Mädchenarbeit*, Gladbeck 1998.

Funk, Heide, „Jugendhilfeplanung und Mädchenförderung", in Landesjugendring Niedersachsen (Hg.), *KJHG mädchenspezifisch*, Hannover 1993.

Giesinger Mädchentreff (Hg.), *Aktionen im Rahmen von „Aktiv gegen Männergewalt. Münchner Kampagne gegen Männergewalt an Frauen und Mädchen"*, München 1998.

Gille, Martina/Winfried Krüger (Hg.), *Unzufriedene Demokraten. Politische Orientierungen der 16- bis 29jährigen im vereinigten Deutschland*, Opladen 2000.

Glücks, Elisabeth/Gerd Ottemeier-Glücks (Hg.), *Geschlechtsbezogene Pädagogik.Ein Bildungskonzept zur Qualifizierung koedukativer Praxis durch parteiliche Mädchenarbeit und antisexistische Jungenarbeit*, Münster 1994.

Graff, Ulrike, *Selbstbestimmung für Mädchen. Pädagogische Auswertung der Theorie und Praxis des Mädchentreffs Bielefeld*, Landschaftsverband Westfalen-Lippe – Landesjugendamt und Westfälische Schulen (Hg.), Münster 1999.

Granato, Mona/Karin Schittenhelm, „Junge Frauen im Übergang zwischen Schule und Beruf: Chancen und Perspektiven", in Stiftung SPI, Mädea/ Ursula Bachor (Hg.), *Mädchen in sozialen Brennpunkten*, Berlin 2000, S. 123-164.

Hafeneger, Benno/Mechthild Jansen/Christiane Klose (Hg.), *„Mit fünfzehn hat es noch Träume...".* *Lebensgefühl und Lebenswelten in der Adoleszenz*, Opladen1998.

Hagemann-White, Carol, *Sozialisation: weiblich-männlich?*, Opladen 1984.

Hagemann-White, Carol, „Berufsfindung und Lebensperspektive in der weiblichen Adoleszenz", in Flaake, Karin/Vera King (Hg.), *Weibliche Adoleszenz. Zur Sozialisation junger Frauen*, Frankfurt 1995, S. 64-83.

Hagemann-White, Carol/Barbara Kavemann/Dagmar Ohl, *Parteilichkeit und Solidarität*, Bielefeld 1997.

Hagemann-White, Carol, „Von der Gleichstellung zur Geschlechtergerechtigkeit: Das paradoxe Unterfangen, sozialen Wandel durch strategisches Handeln in der Verwaltung herbeizuführen", in *Bundeszentrale für gesundheitliche Aufklärung* 4/2001.

Haindorf, Götz, „Auf der Suche nach dem Feuervogel. Junge Männer zwischen Aggression, Eros und Autorität", in Möller, a.a.O., 1997, S. 109-145.

Hard, Gabriele, „Mädchengerechte Formen der Jugendhilfeplanung", in *betrifft Mädchen* 1/1993.

Hardegger, Elke, „Crazy on the Road – filmend sich selbst begegnen. Reflexionen zu einer aktiven Medienarbeit mit Mädchen und jungen Frauen in der offenen Jugendarbeit", in Miller, Tilly/Tatschmurat, Carmen (Hg.), *Soziale Arbeit mit Frauen und Mädchen. Positionsbestimmungen und Handlungsperspektiven*, Stuttgart 1996, S. 229-244.

Hartmann, Simone, „Sexuelle Gewalt an Mädchen und Jungen, Frauen und Männern mit Behinderung – eine alltägliche Realität", in bundesorganisationsstelle behinderter frauen (Hg.), *Info* Nr. 4, Dezember 2000.

Hartwig, Luise, *Sexuelle Gewalterfahrungen von Mädchen. Konfliktlagen und Konzepte mädchenorientierter Heimerziehung*, Weinheim/München 1990.

Hartwig, Luise/ Martina Kriener, „Mädchen in der Eziehungs- und Jugendhilfe. Feministische Analysen und Ansätze in der Praxis", in Friebertshäuser, Barbara/Gisela Jakob/Renate Klees-Möller (Hg.), *Sozialpädagogik im Blick der Frauenforschung*, Weinheim 1997, S. 195-209.

Hartwig, Luise/Monika Weber, „Parteilichkeit als Konzept der Mädchen- und Frauenarbeit", in Hartwig, Luise/Joachim Merchel (Hg.), *Parteilichkeit der sozialen Arbeit*, Münster, New York, München, Berlin 2000, S. 25-48.

Hartwig, Luise, „Die Gender-Debatte oder: Von der doppelten Benachteiligung der Mädchen in der Jugendhilfe", in *Forum Erziehungshilfen* 4/2001, S. 220-224.

Haubrich, Karin, „Wie erreicht man junge Migrantinnen in der Jugendsozialarbeit?", in *Deutsche Jugend* 6/2001, S. 262-265.

Heiliger, Anita/Heide Funk, *Neue Aspekte der Mädchenförderung*, München 1990.

Heiliger, Anita, „Strategien der Mädchenförderung auf dem Hintergrund der Geschlechterhierarchie", in *Deutsche Jugend* 9/91.

Heiliger, Anita, „Rückschlag oder Zunder für die Frauenbewegung? Zur Vereinigung Deutschlands aus der Sicht der autonomen Frauenbewegung", in *Kofra* 54/91.

Heiliger, Anita, „Mädchenpolitische Reflexionen im Zusammenhang mit dem Kinder- und Jugendhilfegesetz", in Gerlinde Seidenspinner (Hg.), *Frau sein in Deutschland. Aktuelle Themen, Perspektiven und Ziele feministischer Sozialforschung*, München 1994.

Heiliger, Anita/Tina Kuhne(Hg.), *Feministische Mädchenpolitik*, München 1993.

Heiliger, Anita, „Grundsätze feministischer Mädchenpolitik", in Heiliger/ Kuhne 1993, a.a.O. S. 20-31.

Heiliger, Anita, „Die Hälfte des Himmels... Zum Beitrag der Jugendhilfe zur Einlösung der Geschlechtergleichheit", in *Kind, Jugend und Gesellschaft* 2/1995.

Heiliger, Anita, „10 Jahre 6. Jugendbericht – 10 Jahre aktive Mädchenpolitik: Was hat sich für Mädchen verändert?", in *Hessische Jugend* 1/1995.

Heiliger, Anita, „Förderung contra Leugnung von Abenteuerlust bei Mädchen", in *Jugendpolitik* 8/96.

Heiliger, Anita, „Jeder Mann ein potentieller Täter? Männliche Sozialisation und sexuelle Übergriffe auf Mädchen und Frauen", in Gitti Hentschel (Hg.), *Skandal und Alltag*, Berlin 1996.

Heiliger, Anita, „Zu Entwicklungen und Ergebnissen von Mädchenforschung und Mädchenpolitik in der BRD", in *Deutsche Jugend* 4/97 (Teil I), 5/97 (Teil II).

Heiliger, Anita, „Weibliche Lebensentwürfe. Vielfalt und Blockierungen", in Hafeneger (Hg.), 1998, a.a.O. S.81-98.

Heiliger, Anita, „Feministische Mädchenarbeit und lesbische Identität", in Jutta Hartmann u.a. (Hg.), *Lebensformen und Sexualität. Herrschaftskritische Analysen und pädagogische Perspektiven*, Hannover 1998.

Heiliger, Anita, „Mädchen unter sich. Zur Bedeutung und Notwendigkeit mädchenspezifischer Ansätze in der Jugendarbeit", in *Stoff* 8/1998.

Heiliger, Anita, „Jungen Grenzen setzen. Eine Befragung von SchülerInnen zur Gewalt gegen Mädchen", in *betrifft Mädchen* 2/99.

Heiliger, Anita, *Täterstrategien und Prävention. Sexueller Mißbrauch an Mädchen innerhalb familialer und familienähnlicher Strukturen*, München 2000 (a).

Heiliger, Anita, *Männergewalt gegen Frauen beenden. Strategien und Handlungsansätze am Beispiel der Münchner Kampagne gegen Männergewalt an Frauen und Mädchen/Jungen*, Opladen 2000 (b).

Heiliger, Anita, „Zu Hintergründen und Grundsätzen einer antisexistischen Jungenarbeit", in Bieringer, Ingo/Walter Buchacher/Edgar J. Forster (Hg.),

Männlichkeit und Gewalt. Konzepte für die Jungenarbeit, Opladen 2000, S. 32-38.

Heiliger, Anita, „Prävention von Männergewalt gegen Frauen – Lücken im Aktionsplan der Bundesregierung", in *Theorie und Praxis der Sozialen Arbeit* 2/2001, S. 68-76.

Heiliger, Anita, „Gewalt in der Schule. Geschlechterdifferenzierung und Handlungsperspektiven", in *PÄD Forum* 6/2001.

Heiliger, Anita, „Prävention von Gewalt gegen Frauen: Männlichkeitsbilder verändern", in *Deutsche Jugend* 12/2001.

Heinemann, Gabriele, „Einmischen! Mitmischen! Gemeinwesenorientierte Mädchenarbeit", in LAG Mädchenarbeit in NRW (Hg.), *Politik und Perspektiven von Mädchenarbeit – Einfluß und gesellschaftliche Verantwortung*, 4. Rundbrief Mädchenarbeit in NRW 2001, S. 9-16.

Heitmeyer, Wilhelm, *Rechtsextremistische Orientierungen bei Jugendlichen*, München 1987.

Helfferich, Cornelia, „Feministische Theorie und geschlechtsbezogene Arbeit mit jungen Frauen und Männern", in *Forum Erziehungshilfen*, 6. Jg. 2000, Heft 1, S. 13-22.

Hempel, Marlies, „Lebensentwürfe von Mädchen und Jungen in Ostdeutschland", in Oechsle/Geissler (Hg.), 1998, a.a.O. S. 87-105.

Herrmann, Dorothea, *Differenz und Vielfalt. Mädchen(realitäten) in der Adoleszenz und die Praxis feministisch-parteilicher Mädchenarbeit in koedukativen und geschlechtshomogenen Einrichtungen im Bereich der offenen Arbeit* (Diplomarbeit), Tübingen 1998.

Hillebrandt, Ingrid, „Geschlechtsspezifisch geschlechtsbewußt, Gender-Mainstream... kann ein neuer Begriff das Bewußtsein der Handelnden ändern?", in BAJ (Hg.), a.a.O., S. 7-17.

Hilgers, Andrea, „Mädchen schlagen zu – oder zurück?", in *Offene Jugendarbeit* 2/2001, S. 29-39.

Hinz-Rommel, Wolfgang, *Interkulturelle Kompetenz. Ein neues Anforderungsprofil für die soziale Arbeit*, Münster 1994.

Homann, Frauke, „Gewalt gegen Mädchen in der Schule – Erfahrungen mit geschlechtsspezifischer Arbeit", in Senatsverwaltung für Arbeit und Frauen (Hg.), *Gewalt gegen Mädchen in der Schule*, Berlin 1992.

Hellmann, Ulrike/Volker Volkholz, *Mädchen in Männerberufen – Eine empirische Streitschrift*, Hannover 1985.

Hermes, Gisela, *Mit Recht verschieden sein. Forderungen behinderter Frauen an Gleichstellungsgesetze*, Kassel 1994.

Hermes, Gisela, *Umfrage bei Anbietern sowie Trainerinnen und Trainern von/für Selbstbehauptungs- und Selbstverteidigungskurse/n für Mädchen und Frauen mit Behinderung*, Bundesministerium für Familie, Senioren, Frauen und Jugend (Hg.), Berlin/Kassel, Mai 2001.

Holzkamp, Christine/Birgit Rommelspacher, „Frauen und Rechtsextremismus. Wie sind Mädchen und Frauen verstrickt?", in *päd. extra & demokratische Erziehung* Januar 1991.

Horstkemper, Marianne, *Schule, Geschlecht und Selbstvertrauen. Eine Längs-schnittstudie über Mädchensozialisation in der Schule*, Weinheim/ München, 1987.

Höyng, Stephan/Ralf Puchert, *Die Verhinderung der beruflichen Gleich-stellung. Männliche Verhaltensweisen und männerbündische Kultur*, Bielefeld 1998.

Hurrelmann, Klaus, *Familienstreß, Schulstreß, Freizeitstreß*, Weinheim 1990.

HVHS, Heimvolkshochschule Alte Molkerei Frille (Hg.), *Was Hänschen nicht lernt, lernt Clara nimmermehr. Geschlechtsspezifische Bildungsarbeit für Jungen und Mädchen*, Frille 1987.

Jansen, Mechthild M./Christiana Klose, „Girlie contra Emanze – das Verhältnis heutiger Mädchen zur Frauenbewegung", in Hafeneger u.a., 1998, a.a.O., S. 123-140.

Jantz, Olaf, „Gendermainstreaming – Neue Chancen für die Jungenarbeit?", in *ajs informationen* 3/2002, S. 8-18.

„Jugend 2000", 13. Shell Jugendstudie, Opladen 2000.

Jung, Marietheres, „Mädchen in den neuen Bundesländern. Streiflichter zur Situation der letzten zehn Jahre", in Hessisches Ministerium für Umwelt, Energie, Jugend, Familie und Gesundheit (Hg.), *Mädchen vorne in Hessen?!*, Wiesbaden 1997, S. 25-29.

Karl, Holger, „Der ehrenhafte Abschied des Panzersoldaten. Grundlagen anti-sexistischer Jungenarbeit", in Glücks, Elisabeth/Gerd Ottemeier-Glücks (Hg.), *Geschlechtsbezogene Pädagogik*, Münster 1994.

Karl, Holger/Gerd Ottemeier-Glücks, „Neues aus dem Mekka der antisexisti-schen Jungenarbeit. Ein Blick in die Internet-Diskussion", in Möller, Kurt (Hg.), *Nur Macher und Macho? Geschlechtsreflektierende Jungen- und Männerarbeit*, Weinheim/München 1997, S. 91-107.

Kaschuba, Gerrit/Helga Huber, „Gendermainstreaming – Chance oder Risiko für die Mädchenarbeit?", in *ajs-informationen* 1/2002, S. 20-25.

Kavemann, Barbara, „Gewalt gegen Mädchen findet auch in der Schule statt", in Senatsverwaltung für Arbeit und Frauen (Hg.), *Gewalt gegen Mädchen in der Schule*, Berlin 1992.

Keddi, Barbara/Patricia Pfeil/Petra Strehmel/Svendy Wittmann, *Lebensthemen junger Frauen. Die andere Vielfalt weiblicher Lebensentwürfe*, Opladen 1999.

Keller, Gudrun/Andrea Mager, „Die Münchner Zufluchtstelle für Mädchen und junge Frauen in Not- und Krisensituationen", in Anita Heiliger/Tina Kuhne (Hg.), *Feministische Mädchenpolitik*, München 1993.

Kerstin, Anne, „Homosexuelle Identitätsentwicklung: Lebenswelt und Erfah-rungen von jugendlichen Mädchen", in *Lesbische Mädchen (k)ein Thema für die Jugendarbeit*, Dokumente lesbisch-schwuler Emanzipation Nr. 7, Berlin 1993.

Klose, Christiana/Beate Weißmann, „Beispiel der Organisation von Mädchen-interessen in Frankfurt a.M.", in Bohn, a.a.O. 1996, S. 65-80.

Klose, Christiana/Lene Schiermeister-Dill, „Unabgesichert – etabliert? Zur

Entwicklung autonomer Mädchenarbeit", in Hessisches Ministerium für Umwelt, Energie, Jugend, Familie und Gesundheit (Hg.), *Mädchen vorne in Hessen?!*, Wiesbaden 1997, S. 81 – 99.

Klose, Christiana/Mechthild M. Jansen, „Girlie contra Emanze – das Verhältnis heutiger Mädchen zur Frauenbewegung", in Hafeneger u.a. (Hg.) 1998, S. 123-140.

Klose, Christiana/Kirsten Langmaak, *Mädchenpolitische Bilanz der vom Land Hessen im Bereich der Jugendberufshilfe geförderten Mädchenprojekte und Mädchenangebote*, Frankfurt a.M. o.J.

Kluge, Christiane, „Prostitution junger Frauen – zum Umgang der Jugendhilfe mit einem vielfach verdrängten Thema", in *Forum Erziehungshilfen* 2/1999, S. 75-83.

Kolbe, Karin, „Lesbische Identität in der Adoleszenz", in *Lesbische Mädchen – (k)ein Thema für die Jugendarbeit*, Berlin 1993.

Krahe, Barbara/Renate Scheinberger-Olwig, *Forschungsprojekt: Sexuelle Aggressivität zwischen Jugendlichen. Zusammenfassende Darstellung der Ergebnisse*, Institut für Psychologie der Universität Potsdam, Nov. 1997.

Krahek, Nicole (Hg.), *Verbesserung der beruflichen Chancen von Mädchen und jungen Frauen. Praxismodelle*, Materialien aus dem Forschungsschwerpunkt Übergänge in Arbeit am DJI, München, 2001.

Kriener, Martina, „Beteiligungsrechte von Mädchen und Jungen in der Jugendhilfe: Parteilichkeit als professionelle Strategie", in Hartwig, Luise/Joachim Merchel (Hg.), *Parteilichkeit in der sozialen Arbeit*, Münster, New York, München, Berlin 2000, S. 133-146.

Kriener, Martina/Luise Hartwig, „Mädchen in der Erziehungs- und Jugendhilfe. Feministische Analysen und Ansätze in der Praxis", in Barbara Friebertshäuser/Gisela Jakob/Renate Klees-Möller (Hg.), *Sozialpädagogik im Blick der Frauenforschung*, Weinheim 1997, S. 195-208.

Krieter, Ute, *Zur Situation von Mädchen und jungen Frauen in der Jugendhilfe im Kreis Herford. Bestandsaufnahme, Analyse, Perspektiventwicklung und daraus resultierende Anforderungen an die Jugendhilfeplanung*, Expertise im Auftrag des Kreises Herford, SPI Berlin 1996.

Krojer, Martina, „ *Weil ich ein Mädchen bin...". Mädchenbilder und Selbstdarstellungen von Mädchen in der Pubertät – ein kreatives Projekt mit Mädchen* (Diplomarbeit), Tübingen 1996.

Krüger, Helga, „Unterschiedliche Lebenswelten von Mädchen und Jungen", in *Forum Jugendhilfe* 2/2000, S. 45 ff.

Kruschwitz, Simone/Scharlinski, Jeanette, „Muß denn Mädchenarbeit wirklich sein? Entwicklung und Chancen von Mädchenarbeit in den neuen Bundesländern", in SPI Berlin (Hg.), *Neue Maßstäbe. Mädchen in der Jugendhilfeplanung*, Berlin 1999, S. 39-53.

Kuhlmann, Carola, „Doing gender – Konsequenzen der neueren Geschlechterforschung für die parteiliche Mädchenarbeit", in *neue praxis* 3/2000, S. 236-239.

Kuhne, Tina/Anneliese Mayer (Hg.), *Kissenschlacht und Minigolf. Zur Arbeit mit Mädchen und jungen Frauen mit unterschiedlichen Behinderungen und Fähigkeiten*, Kassel 1998.

Kuhne, Tina, „Wege der Vielfalt und Differenz. Feministisch orientierte Arbeit/ feministische Mädchenpolitik mit Mädchen und jungen Frauen mit unterschiedlichen Behinderungen", in Kuhne/Mayer, a.a.O., S. 25-36.

Kuhne, Tina, „Mädchen und junge Frauen mit unterschiedlichen Behinderungen in der feministisch orientierten Sozialen Arbeit", in Miller, Tilly/Carmen Tatschmurat (Hg.), *Soziale Arbeit mit Frauen und Mädchen. Positionsbestimmungen und Handlungsperspektiven*, Stuttgart 1996, S. 186-201.

Kuhne, Tina, „Arbeit mit Mädchen und jungen Frauen mit unterschiedlichen Behinderungen. Ein Arbeitskreis der Kontakt- und Informationsstelle für Mädchenarbeit/IMMA e.V.", in Kuhne/Mayer, a.a.O., S. 161-166.

Lehner, Erich, „Brauchen Jungen Vorbilder?", in Bieringer, Ingo/Edgar J. Forster/Walter Buchacher,(Hg.), *Männlichkeit und Gewalt. Konzepte für die Jungenarbeit*, Opladen 2000, S. 118-124.

Lemmermöhle, Doris, „Ich fühl mich halt im Frauenpelz wohler. Biographisches Handeln von jungen Frauen beim Übergang von der Schule in die Arbeitswelt", in *Feministische Studien* 2/97.

Liebe, Martina, „Gender Mainsteaming in der Jugendarbeit. Bewertung eines frauenpolitischen Instruments aus jugendpolitischer Sicht", in SPI (Hg.) a.a.O., S. 95-108.

Lohmeier, Cornelia, „Wie immun sind Mädchen gegen Rechtsextremismus?", in *Deutsche Jugend* 1/1991, S. 33-38.

Mau, Susanne, „Tanja fragt man nicht", in *Forum Erziehungshilfen* 3/1997, S. 148-150.

Mädchenprojekt Erfurt (Hg.), *Mädchentreffs und Mädchenzentren. Orte für weiblichen Eigensinn*, Erfurt 1993.

Mayer, Anneliese, „Verschwiegene Verletzungen. Sexuelle Gewalterlebnisse von Mädchen und Frauen mit Behinderung", in Kuhne/Mayer, a.a.O., S. 37-46.

Mayer, Anneliese, „Selbstbestimmtes Leben von Mädchen und jungen Frauen mit unterschiedlichen Behinderungen. Visionen für Gegenwart und Zukunft", in Kuhne/Mayer, a.a.O., S. 19-24.

Metz-Göckel, Sigrid, „Mikropolitik in den Geschlechterbeziehungen: Selbstvertrauen, Anerkennung und Entwertung", in Oechsle/Geissler, S. 159-279.

Meyer, Dorit, „Mädchenarbeit. Eine Problemskizze", in SPI Berlin (Hg.), *Neue Maßstäbe. Mädchen in der Jugendhilfeplanung*, Berlin 1999

Meyer, Dorit/Gerlinde Seidenspinner, „Mädchenarbeit. Plädoyer für einen Paradigmenwechsel", in *50 Jahre AGJ*, Jubiläumsband, 1999, S. 58-71.

Mickler, Bärbel, „Geschlecht: Behindert; besonderes Merkmal: Mädchen...? Die Arbeit für und mit Mädchen und jungen Frauen mit Behinderung in der Beratungsstelle für behinderte Menschen von autonom leben", in Kuhne/Mayer, a.a.O., S. 47-52.

Mies-Fan-Engelshoven, Brigitte, „Junge Aussiedlerinnen. Neue Heimat BRD", in *betrifft Mädchen* IV/2001, S. 8-11.

Ministerium für Familie, Weiterbildung und Kunst, Baden-Württemberg (Hg.), *Mädchen in der Jugendhilfeplanung. Abschlußbericht des Praxis- und Forschungsprojektes*, Stuttgart 1995.

Ministerium für die Gleichstellung von Frau und Mann (Hg.), *Rechtsextremismus und Gewalt. Affinitäten und Resistenzen von Mädchen und jungen Frauen. Ergebnisse einer Studie*, Düsseldorf 1993.

Ministerium für Frauen, Jugend, Familie und Gesundheit des Landes NRW (Hg.), *Gewalt gegen Mädchen und Frauen im Sport*, Düsseldorf 1998.

Möhlke, Gabriele/Gabi Reiter, *Gegen den Strom. Chancen und Begrenzungen feministischer Mädchenarbeit – im Vergleich einer koedukativen und einer autonomen Einrichtung in Wiesbaden*, Frankfurt 1995.

Möller, Kurt (Hg.), *Nur Macher und Macho? Geschlechtsreflektierende Jungen- und Männerarbeit*, Weinheim/München 1997.

Möller, Berit, „Der Ertrag der ostdeutschen Projekte", in Böhnisch u.a., a.a.O., Dresden 1995.

Mückenberger, Ulrich/Karin Tondorf, „Das Konzept des GM", in Niedersächsisches Ministerium für Frauen, Arbeit und Soziales, *GM, Informationen und Impulse*, Hannover 2000.

Mühlen Achs, Gitta, *Geschlecht bewußt gemacht. Körpersprachliche Inszenierungen*, München 1998.

Nicht mit uns! Texte und Bilder aus den Selbsthilfegruppen für Mädchen und junge Frauen, die sexuell mißbraucht wurden, Initiative Münchner Mädchenarbeit (Hg.), München 1993/1996.

Nickel, Hildegard Maria, „Frauen im Umbruch der Gesellschaft. Die zweifache Transformation in Deutschland und ihre ambivalenten Folgen", in *Politik und Zeitgeschichte*, Beilage zu Das Parlament, B 36-37, 1995.

Niebergall, Beate, „Der mädchenspezifische Umgang mit Gewalt innerhalb rechter Jugendgruppen ...wenn Jungs das könn', warum könn' Mädchen das nich?", in Monika Engel/Barbara Menke (Hg.), *Weibliche Lebenswelten – gewaltlos? Analysen und Praxisbeiträge für die Mädchen- und Frauenarbeit im Bereich Rechtsextremismus, Rassismus, Gewalt*, Münster 1995.

Niedersächsisches Ministerium für Frauen, Arbeit und Soziales, *Gendermainstreaming. Informationen und Impulse*, Hannover 2000.

Nyssen, Elke, *Mädchenförderung in der Schule. Ergebnisse und Erfahrungen aus einem Modellversuch*, Weinheim und München 1996.

Nyssen, Elke, „Reflexive Ko- und Monoedukation. Ein Reformprojekt mit Hindernissen", in *betrifft Mädchen* 2/99, S. 4-8.

Oberlies, Dagmar, *Tötungsdelikte zwischen Männern und Frauen. Eine Untersuchung geschlechtsspezifischer Unterschiede aus dem Blickwinkel gerichtlicher Rekonstruktionen*, Pfaffenweiler 1995.

Oechsle, Mechtild/Birgit Geissler (Hg.), *Die ungleiche Gleichheit. Junge Frauen und der Wandel im Geschlechterverhältnis*, Opladen 1998.

Oechsle, Mechthild, „Ungelöste Widersprüche: Leitbilder für die Lebensführung von Frauen", in Oechsle/Geissler, a.a.O., S. 185-200.

Ohl, Dagmar, „Zwischen Kinderschutz und parteilichem Ansatz: Die Kontroverse um den sexuellen Mißbrauch", in: Carol Hagemann-White/Barbara Kavemann/Dagmar Ohl, *Parteilichkeit und Solidarität*, Bielefel 1997, S. 117-178.

Oltmanns, Hilke, „Siegen, kämpfen, durchgreifen lassen. Rechtsextremismus bei Mädchen", in *Widersprüche* 35/90.

Otyakmaz, Berrin Özlem, „Abschied vom Kulturkonflikt. Perspektiven für eine interkulturelle Mädchenarbeit", in *betrifft Mädchen* IV/2001, S. 4-7.

Otyakmaz, Berrin Özlem, „Und die denken dann von vornherein, das läuft irgendwie ganz anders ab. Selbst- und Fremdbilder junger Migrantinnen türkischer Herkunft", in *beiträge zur feministischen theorie und praxis* 51/1999, S. 79-92.

Paar, Marion, „Mädchensozialarbeit: Potentiale entfalten statt ausschließen", in *Jugendwohl* 12/1997, S. 522.

Palzkill, Birgit, „Was hat Gewalt mit Sport(abstinenz) zu tun? Körper- und Bewegungsentwicklung von Mädchen", in dies., *Frauen, Körper, Sport*, München 1991.

Pankofer, Sabine, „Ich hau' Dir eine in die Fresse, sagte Vanessa drohend... Aggression als Überlebensstrategie – am Beispiel geschlossener Heimerziehung", in Miller, Tilly/Carmen Tatschmurat (Hg.), *Soziale Arbeit mit Mädchen und Frauen*, Stuttgart 1996, S. 157-171.

Pankofer, Sabine, *Freiheit hinter Mauern. Mädchen in geschlossenen Heimen*, Weinheim und München 1997.

Permien, Hanna/Kerstin Frank, *Schöne Mädchen – starke Jungen? Gleichberechtigung: (k)ein Thema in Tageseinrichtungen für Schulkinder*, Freiburg 1995.

Poppe, Nicola/Borghild Strähle, *„Wir Türkischen machen das aber nicht!" Mädchen zwischen Migrationserfahrung und gleichberechtigter Teilhabe, Abschlußbericht der wissenschaftlichen Begleitung des Schülerinnencafes des Mädchentreff e.V. Tübingen*, Tübingen 2001.

Pothmann, Jens/Thomas Rauschenbach, „Mädchen – benachteiligt in der Erziehungshilfe?", in *KOMDAT Jugendhilfe* Nr. 2/1999, S. 1-5.

Preiß, Dagmar/Anja Wilser, „Der Mädchen-GesundheitsLaden in Stuttgart", in *betrifft Mädchen* 1/1995, S. 10-11.

Preiß, Dagmar/Anne Schwarz/Anja Wilser, *Mädchen – Lust und Last der Pubertät. Ein sexual- und gesundheitspädagogisches Modellprojekt zur Beratung junger Mädchen*, Frankfurt a.M. 1996.

Rauw, Regina/Ilka Reinert (Hg.), *Perspektiven der Mädchenarbeit. Partizipation, Vielfalt, Feminismus*, Opladen 2001.

Rauw, Regina/Olaf Jantz/Ilka Reinert/Franz-Gerd Ottemeier-Glücks (Hg.), *Perspektiven geschlechtsbezogener Pädagogik. Impulse und Reflexionen zwischen Gender, Politik und Bildungsarbeit*, Opladen 2001.

Rauw, Regina/Olaf Jantz, „Homophobie – die Angst...", in Regina Raw u.a., 2001, S. 111-142.

Reinert, Ilka, „Und plötzlich heißen sie Monster! Umgangsweisen mit Aggressionen von Mädchen", in Rauw/Reinert (Hg.), a.a.O., S. 49-67.

Rose, Lotte/Friederike Stibane, „Mädchen auf der Straße. Zur Bedeutung des öffentlichen Raums in einer bewegungs- und körperorientierten Mädchenarbeit", in *Sozial extra* 12/95.

Rose, Lotte, „Mädchenarbeit und Jungenarbeit in der Risikogesellschaft", in *neue praxis* 3/2000, S. 226.

Roth, Gabriele, *Zwischen Täterschutz, Ohnmacht und Parteilichkeit. Zum institutionellen Umgang mit sexuellem Mißbrauch*, Bielefeld 1997.

Roth, Gabriele, „„Gewaltzone Schule – Forschungsstand, Erklärungsansätze und Handlungsperspektiven", in Lehmann, Karin/Bettina Wilhelm (Hg.), *Männergewalt. Einmischen statt Ignorieren! Eine Stadt im Diskurs*, Frankfurt 2002.

Savier, Monika/Carola Wildt, *Mädchen zwischen Anpassung und Widerstand*, München 1978.

Sammet, Ulrike, „Gendermainstreaming – endlich Antrieb für die Mädchenarbeit?", in *ajs-informationen* 1/2002, S. 26.

Schäfter, Gabriele/Martina Hocke, *Mädchenwelten: Sexuelle Gewalterfahrungen und Heimerziehung*, Heidelberg 1995.

Scharlinski, Jeanette/S. Kruschwitz, *Arbeit von Frauen für und mit Mädchen, Arbeit von und mit Frauen im Spannungsfeld fachlicher Ansprüche und gesellschaftlicher Realitäten*, Dresden 1998.

Schittenhelm, Karin, „Zwischen Unterstützung und Reglementierung. Mädchen und junge Frauen in Einrichtungen der Jugendberufshilfe", in *Neue Praxis* 7/98, S. 297.

Schlegel, Adelheid, „Es geht nicht nur um Teilhabe an, sondern auch um Veränderung der Gesellschaft", in *ajs-informationen* 1/2002, S. 27-28.

Schmerl, Christiane, „Wenn Frauen zu Hyänen werden", in *Psychologie heute* Compakt, S. 92-97.

Schnack, Dieter/Rainer Neutzling, *Kleine Helden in Not*, Reinbek 1990.

Schön, Elke, *...da nehm' ich meine Rollschuh und fahr hin... Mädchen als Expertinnen ihrer sozialräumlichen Umwelt*, Bielefeld 1999.

Schwarz, Anne, „Neue Jungen braucht das Land! Überlegungen zum pädagogischen Arbeiten an der sexuellen Identität von Jungen aus der Perspektive feministischer Mädchenarbeit", in Kurt Möller (Hg.), *Nur Macher und Macho? Geschlechtsreflektierende Jungen- und Männerarbeit*, Weinheim/München 1997, S. 301-318.

Schweikert, Birgit, *Die Umsetzung von Gendermainstreaming auf Bundesebene – aktueller Stand und Planungen*, Manuskript des BMFSFJ, Ref. 401, vom 12.3.2002.

Schweikert, Birgit, „Die Umsetzung von Gendermainstreaming auf Bundesebene – Hintergrund, aktueller Stand und Planungen", in *BzgA Forum* 4/2001, S. 9-13.

„Sechster Jugendbericht der Bundesregierung: Verbesserung der Chancengleichheit von Mädchen in der Bundesrepublik Deutschland", in *Zur Sache. Themen parlamentarischer Beratung* 1/84.

Seidenspinner, Gerlinde/Barbara Keddi/Svendy Wittmann/Michaela Gross/

Karin Hildebrandt/Petra Strehmel, *Junge Frauen heute – Wie sie leben, was sie anders machen*, Opladen 1996.

Senatsverwaltung für Arbeit und Frauen (Hg.), *Gewalt gegen Mädchen an Schulen*, Berlin, 1992.

Silkenbeumer, Marja, „Mädchen gewaltbereit?", in *Donna Lotta* 1/2001, S. 3-5.

Siller, Gertrud, „Junge Frauen und Rechtsextremismus. Zum Zusammenhang von weiblichen Lebenserfahrungen und rechtsextremistischem Gedankengut", in *Deutsche Jugend* 1/91.

Stauber, Barbara, „Starke Mädchen – kein Problem?", in *beiträge zur feministischen theorie und praxis* 51/1999, S. 53-64.

Steinhage, Rosemarie, „Sexuelle Gewalt gegen Mädchen. Entwicklung der Auseinandersetzung in den letzten zehn Jahren", in Min. für Umwelt, Energie, Jugend, Familie u. Gesundheit (Hg.), *Mädchen vorne in Hessen?!*, Wiesbaden 1997, S. 37-47.

Stengelin, Christa/Ingrid Weiß (Mitarbeit), „Der Aufbau eines integrierten Freizeit- und Beratungstreffpunktes für Mädchen in Tübingen, in *Mädchentreff*, Tübingen 1995.

Steves, Marie-Luise/Hildegard Rühling-Blomert/Beatrix Toups/Ingrid Ziegelsdorf, *Endbericht des Projektes: Selbstfindungs- und Berufsfindungsprozesse für Mädchen in der Sek. I*, BLK-Nr. BMBW-FKZ 900212/A 6384:00.

Stiegler, Barbara, *Wie Gender in den Mainstream kommt. Konzepte, Argumente und Praxisbeispiele zur EU-Strategie des Gendermainstreaming*, Friedrich-Ebert-Stiftung (Hg.), Bonn 2000.

Stiegler, Barbara, „Wenn Gender das Mädchen schluckt – Gendermainstreaming und die Mädchenarbeit", in *Forum Erziehungshilfen*, 2/2001, S. 68-73.

Stiftung SPI (Hg.), *Gendermainstreaming. Neue Perspektiven für die Jugendhilfe*, Berlin 2001.

Stiftung SPI (Hg.), *Aktuelle Statements zur Mädchenarbeit*, Berlin 1998.

Stoll, Sabine, „Gewaltbereitschaft und Gewalthandeln bei Mädchen", in *Offene Jugendarbeit* 2/2001, S. 40-45.

Struck, Norbert, „Gender-Mainstreaming – neue Herausforderung zur Lösung alter Probleme der Kinder- und Jugendhilfe", in *Forum Jugendhilfe* 3/2001, S. 42-44.

Stürzer, Monika, „Auf dem Weg ins Erwerbsleben", in Cornelißen/Gille u.a., *Die Lebenssituation und die Perspektiven von Mädchen in Deutschland*, Opladen 2002.

Sturzenhecker, Benedikt, „Arbeitsprinzipien aus der Jungenarbeit I + II", in *Unsere Jugend*, H.1 und 2/2000.

Supp, Barbara/Lars Hinsenhofen„ Die Scheinemanzipation", in *Spiegel reporter* 11/2000, S. 22-40.

Swars, Franziska, „Arbeit mit Mädchen/jungen Frauen mit unterschiedlichen Behinderungen etwa auch in der Schule?", in Kuhne/Mayer, a.a.O., S. 91-96.

Theunert, Helga, „Mädchen haben sich halt total daran gewöhnt, daß sie sowieso bloß Nebenrollen spielen", in Mühlen-Achs, Gitta/Bernd Schorb (Hg), *Geschlecht und Medien*, München 1995.

Wallner, Claudia, *Mädchengerechte kommunale Jugendhilfeplanung*, Institut für Soziale Arbeit (Hg.), Münster 1997.

Wallner, Claudia, *Kommunale Leitlinien zur Förderung der Arbeit mit Mädchen und jungen Frauen in der Jugendhilfe in NRW*, Handbuch der FUMA (Hg.), Gladbeck 2001.

Wallner, Claudia, *Mädchen im Blick. Mädchengerechte Jugendhilfeplanung*, Handbuch des Niedersächsischen Frauenministeriums, Hannover 1996.

Wallner, Claudia, „Barbie läßt immer noch grüßen – Schönheitsideale, Gewalt und Abwertung machen Mädchen krank, doch Hilfe ist nicht in Sicht!", in *betrifft Mädchen* 1/1995, S. 4.

Weber, Monika, „Koedukation – kein Thema für die Erziehungshilfe", in *Forum Erziehungshilfen* 1/2000, S. 4-9.

Weber, Monika, „Gender, Dekonstruktion, Individualisierung...? Neue Begriffe, aktuelle Debatten und Perspektiven der Mädchenarbeit", in *Forum Erziehungshilfen*, 7. Jg. 2001, Heft 2, S. 74-81.

Weingarten, Susanne/Marianne Wellershoff, *Die widerspenstigen Töchter. Für eine neue Frauenbewegung*, Köln 1999.

Weingarten, Susanne/Marianne Wellershoff, „Fordert, was ihr kriegen könnt", in *Spiegel* 47/99, S. 84-104.

Weißmann, Beate, „Frauenreferat Frankfurt. Der Perspektivenwechsel ist geschafft", in *Hessische Jugend* 1/95.

Werthmanns-Reppekus, Ulrike, „Jungfrauenverein – Mädchensozialarbeit – Mädchenarbeit", in Fülbier, P./R. Münchmeier (Hg.), *Handbuch Jugendsozialarbeit. Geschichte, Grundlagen, Konzepte, Handlungsfelder, Organisation*, Bd. 1, Münster 2002, S. 549-558.

Wolff, Mechthild (Hg.), *Zukunft Europa – Zukunft für Mädchen! Strategien gegen die Ausgrenzung benachteiligter Mädchen und junger Frauen in Europa*, Münster 2002.

Zemp, Aiha/Erika Pircher, *Weil das alles weh tut mit Gewalt. Sexuelle Ausbeutung von Mädchen und Frauen mit Behinderung*, Bundesministerin für Frauenangelegenheiten (Hg.), Wien 1996.

Zeppenfeld, Barbara, *„When you are without a song, people will step on you". Mädchen und Frauen in der populären Musik am Beispiel der Mädchenmusikwerkstatt der ‚Kulturwerkstatt e.V. Reutlingen* (Diplomarbeit), Gomaringen 1999.

ZiB, Zukunft im Blick Nr. 2, Veröffentlichung der Regionalstelle Frauen und Beruf in Münster, *Wie stellst du dir dein Leben vor? Lebensplanung und Berufswahlorientierung für Mädchen und Jungen*, Dokumentation September 2001.

Ziese, Kathrin, „Das ‚lesbische Mädchen' im Jugendarbeitsdiskurs, in beiträge zur feministischen theorie und praxis 51/1999, S. 93-104.

Zinsmeister, Julia, „Die Situation verletzter Zeuginnen und Zeugen mit Behinderungen", in Friesa Fastie (Hg.), *Opferschutz im Strafverfahren. Sozialpädagogische Prozeßbegleitung bei Sexualdelikten – ein interdisziplinäres Handbuch*, Opladen 2002.